SALTO

Ein ungewöhnliches Buch, mit dem man sowohl reisen als auch kochen kann. Man kann es auch nur lesen, freilich mit dem Risiko, daß einem das Wasser im Mund zusammenläuft und das Reisefell juckt.
Alle wichtigen Regionen Italiens – vom Veltlin bis Sizilien, von Triest bis Sardinien – werden mit ihren Küchen vorgestellt und mit den Menschen, die diese Küchen bevölkern, als Koche oder Esser.
Alice Vollenweiders Interesse gilt nicht der Restaurantküche, sondern den häuslichen Töpfen und Schüsseln, dem, was in den Familien auf dem Teller liegt.
Eine Reise durch Italien und seine höchst verschiedenen regionalen Küchen – mit vielen Rezepten und anderen nützlichen Hinweisen auf Leute, Orte, Unterhaltungen. Von einer sehr großen Kennerin der heutigen italienischen Schriftsteller und Kochtöpfe.

»Alice Vollenweiders Lob der italienischen Küche(n) erweist sich als literarisches Kleinod. Kein Hauch von Snobismus und modischer Trendsetterei – die Autorin schöpft aus der Tiefe der regionalen Traditionen, die sie kennt und liebt.
Wenn noch ein Kochbuch, dann *dieses.*«
Barbara Villiger-Heilig im ›Bücherpick‹

SCHWEIZ
ÖSTERR
TRENTINO-
TIROLER
ETSCHLAND
Trient
FRIAUL-
JULISCH
VENETIEN
Aosta
AOSTATAL
Mailand
Turin
LOMBARDEI
VENETIEN
PIEMONT
Venedig
Tries
EMILIA-ROMAGNA
LIGURIEN
Genua
FRANKREICH
Bologna
San Marino
Florenz
LIGURISCHES MEER
Ancona
TOSKANA
MARKEN
Perugia
UMBRIEN
Korsika
l'Aquila
Rom
ABRUZZEN
LATIUM
MOL
KAMPAN
SARDINIEN
Nea
TYRRHENISCHES MEER
Cagliari
MITTELMEER
Palermo
SIZILIEN

Alice Vollenweider

Italiens Provinzen und ihre Küche

Eine Reise und 88 Rezepte

Verlag Klaus Wagenbach

Italiens Provinzen und ihre Küche
erschien als neunzehnter *SALTO* im Mai 1990

30.–33. Tausend Februar 1993

Gesetzt aus der Korpus Bauer Bodoni
durch Utesch Satztechnik, Hamburg
Gedruckt und gebunden von Clausen & Bosse, Leck
Leinen von Hubert Herzog, Dornstadt
Ausstattung Rainer Groothuis
Printed in Germany.
ISBN 3 8031 1118 8

Umschlag: Pepi Merisio
Seite 12: Ullstein Bilderdienst. 20, 23, 33: Marcello Bertinetti. 25, 30, 39, 55, 68, 89, 96, 104, 107, 114, 116, 125, 133, 136, 137, 141, 146, 159: Pepi Merisio. 36: Mario di Brasi. 44, 47 oben, 49: Gerold Jung. 57, 59, 61, 62: Roman Soumar. 64, 70: Martin Thomas. 71: Luigi Ghirri. 78: Toni Nicolini. 83, 98: Klaus Zimmermanns. 87 oben: Friedmar Damm. 87 unten: Joachim Kinkelin. 95: Piergiorgio Sclarandis. 100: Wulf Ligges. 119: Fabio Ricci. 121: Jörg Modrow. 137: unten: Heinz Tomek. 139: Amadeo Vergani. 144: Daniele Pellegrini. 146, 151: Michael Psdzior. 154: Ferdinando Scianna. 155–163: Hans Madej.

Inhalt

Vorwort
oder die grünen Schnecken Kalabriens

Um Italien kennenzulernen, braucht es viel Zeit: man muß Reisen machen, Städte besichtigen, den Alltag in der Stadt und auf dem Land erleben. Museen besuchen, Gespräche führen. Freundschaften schließen, ins Theater und ins Kino gehen und auch die Zeitungen und das Fernsehen zur Kenntnis nehmen. Und falls man sich besonders für die Literatur und die Kochkunst interessiert, so muß man die Schriftsteller der Vergangenheit und der Gegenwart lesen, die Speisen im Restaurant und am Familientisch essen und zusätzlich das Angebot der Buchhandlungen und der Kioske, der Märkte und der Supermärkte, der Bäcker und der Fischhändler studieren. Das ist nicht alles; es gilt auch Vergleiche anzustellen: Carlo Emilio Gaddas Rezept des *Risotto milanese* begreift man nicht in seiner ganzen Herrlichkeit, wenn man nicht weiß, wie man diesen Risotto kocht, und die Diskussion übers Schneckenessen in Vittorinis »Gespräch in Sizilien« versteht man nur auf dem Hintergrund der Sammlertradition der süditalienischen Küche richtig.
Je intensiver man sich mit der vielgestaltigen Wirklichkeit Italiens beschäftigt, desto reicher und komplexer fächert sie sich auf, und wenn man sich endlich zur Diagnose fähig fühlt, entdeckt man, daß sich die Wirklichkeit in der Zeit, in der man lebte und beobachtete, gewandelt hat und neue Entwicklungen im Gange sind. So ist es mir auch mit dem vorliegenden Buch über Italiens Provinzen und ihre Küche ergangen; es beruht auf einer Artikelfolge, die vor über einem Jahrzehnt für eine Zeitschrift entstand und unter dem Titel »Warum Parmesan zu fast allem paßt« in Buchform erschien und bald vergriffen war. Für diese Neuausgabe habe ich nicht nur neue Kapitel und neue Rezepte hinzugefügt, sondern auch den bestehenden Text weitgehend neu geschrieben, um den Veränderungen der Zeit und meiner Erfahrung Rechnung zu tragen. Nicht verändert hat sich die Tatsache, daß die Mengenangaben der Rezepte, wenn nichts anderes vermerkt ist, für vier Personen gelten.

Es ging mir bei dieser kulinarischen Reise durch Italiens Provinzen nicht um die Vollständigkeit, weder in geographischer noch in kulinarischer Hinsicht. Wichtiger als die Restaurantküche war mir allerdings die Familienküche, in der die Eigenart einer Region unmittelbarer zum Ausdruck kommt: so sind zum Beispiel für die toskanische Küche weiße Bohnen mindestens so wichtig wie die riesige Bistecca fiorentina, und die typisch venezianische Küche erkennt man an ihren Sardinenrezepten besser als am Fegato alla veneziana.
Daß sich die regionale Küche in Italien erstaunlich gut erhalten hat, obwohl heute die Zutaten zu allen Gerichten überall und dank der Kühltechnik auch jederzeit verfügbar sind, hängt mit der Geschichte Italiens zusammen: mit der späten politischen Einigung von Königreichen, Herzog- und Fürstentümern, See- und Stadtrepubliken, die während Jahrhunderten ihre eigene Geschichte hatten. Die Italiener fühlen sich als Piemontesen, Römer, Toskaner, Lombarden oder Sizilianer; ihre Identität hat ihre Wurzeln in der Provinz ihrer Herkunft und nicht in einem ungeliebten Staat.
Das spiegelt sich auch in der Vielfalt der Dialekte, die trotz der nivellierenden Wirkung von Fernsehen, Schule und Bürokratie erstaunlich lebenskräftig sind, was auch die achthundertseitige Anthologie der Dialektlyrik des zwanzigsten Jahrhunderts beweist, die vor drei Jahren bei Einaudi erschien und achtzehn Autoren von Triest bis Lukanien vorstellt.
Im Bereich der Gastronomie hat Pellegrino Artusi schon vor hundert Jahren den Versuch unternommen, eine Anthologie der regionalen Spezialitäten zusammenzustellen, als er 1891 sein Kochbuch »La scienza in cucina e l'arte di mangiare bene« publizierte, das noch heute ein Bestseller ist. Über ihn schrieb Giorgio Manganelli: »Im neunzehnten Jahrhundert war Italien nur auf der Ebene der Briefmarken und der Polizisten geeint. Damals erschien der Artusi. Der Zeitgeist vertraute ihm eine Aufgabe an, die er mit Bescheidenheit und hartnäckiger Geduld erfüllte. Während mehr als zwanzig Jahren sammelte er die Rezepte aus allen italienischen Küchen; er vermischte die entgegengesetztesten exotischen Riten, die Polenta des Veneto und die sizilianischen Makkaroni mit Sardinen und Fenchel, die Frösche nach Florentiner Art und den Spinat, wie er in der Romagna zubereitet wird. Als Laie

betrat er den mystischen Raum des kollektiven Essens und zeichnete anstelle der archaischen bäurischen Mamma die bürgerliche Hausfrau als sanfte Dame mittleren Alters. Er entriß die Speisen ihren Ursprungsorten, unterwarf sie einer schönen Ordnung und einer einzigen Klassifizierung nach Rohstoffen und legte auf diese Weise die Grundlage für die Entstehung einer nationalen Küche. Als unbewußter Psychologe beeinflußte er den geheimen Stolz der nationalen Seele und konzentrierte ihn in einer einzigen, reichen, intensiven Materie; er übertrug die lokalen gastronomischen Traditionen in einen einzigen Kodex, ein Korpus, einen Katalog.«
Trotz Manganellis Lob für Artusi ist die Einigung Italiens auf gastronomischer Ebene nicht besonders fortgeschritten; der Einfluß der bürgerlichen Hausfrauen blieb auf die Städte des industrialisierten Nordens beschränkt. Die Küche der Provinzen wird nach wie vor hochgehalten, und die echte, die ursprüngliche Zubereitung einer regionalen Spezialität ist in fast jeder Gesellschaft, zu Hause und im Restaurant, auf der Piazza und in der Bar, ein unerschöpfliches Gesprächsthema. Natürlich haben die Nahrungsmittelindustrie, die Küchen- und die Tiefkühltechnik auch in der italienischen Küche Fuß gefaßt und die Koch- und Eßgewohnheiten beeinflußt. Eine Kräutersauce wie der *Pesto genovese* wird heute im Mixer zubereitet, obwohl er im Mörser zerstoßen eine Nuance feiner schmeckt; Reibkäse im Beutel, Dreiminutenpolenta und viele Dosen- und Tiefkühlkonserven gehören zur Tagesordnung. Im Self-Service des Speisewagens zwischen Rom und Mailand kauft man Teigwaren oder Fleisch und Gemüse in eiskalten weißen Plastikbehältern, die im Mikrowellenofen erhitzt werden, nachdem man sie bezahlt hat. Die Lebensmittelindustrie berücksichtigt auch die Liebe zur regionalen Küche und bietet die piemontesische *Fonduta* aus geschmolzenem Käse in Dosen an und verkauft die Buchweizennudeln des Veltlins, die *Pizzoccheri*, in der Schachtel.
Trotzdem ißt man in Italien besser als im europäischen Durchschnitt; das gilt fürs Restaurant wie für den Familientisch und hängt ganz einfach damit zusammen, daß hier der Geschmack und die Freude am guten Essen zum Lebensgenuß gehören. Man ist auch bereit, für diesen Genuß Geld auszugeben: man kauft die Teigwaren nicht im Supermarkt,

sondern im Teigwarenladen, wo Ravioli, Tortellini und Nudeln jeden Tag frisch zubereitet werden, und läßt sich die Erbsen vom Gemüsehändler aushülsen, obwohl sie so natürlich mehr kosten, als wenn man sie tiefgekühlt kaufen würde. Und es gibt in der italienischen Nahrungsmittelindustrie auch qualitätsbewußte Kleinbetriebe, deren Produkte sich mit Hausgemachtem messen können. Ein Beispiel dafür ist die Aktiengesellschaft Fini, Besitzerin des besten Restaurants und des komfortabelsten Hotels in Modena, Inhaberin dreier Autobahnrestaurants und einer Nahrungsmittelfabrik am Stadtrand, in der die renommierten Fini-Produkte hergestellt werden: Tortellini und Tortelloni, Mortadella und Zampone, Aceto balsamico und Nocino, der Nußlikör der Emilia. Alles Produkte, bei denen sich der Italienreisende gern vorstellt, daß sie ihm garantiert hausgemacht vorgesetzt werden. In der Küche des Ristorante Fini, das im Guide Michelin immerhin mit zwei Sternen glänzt, wird mit firmeneigenen Produkten gekocht, das heißt mit Tortellini und Würsten aus der Vakuum-Packung. Auch andere Entwicklungen lassen auf eine nicht allzu düstere gastronomische Zukunft hoffen. Das Interesse für gesunde Ernährung und Vollwertkost hat sich auch in Italien verbreitet und wird nicht als alternatives Sektierertum, sondern vielmehr als Rückkehr zur mütterlichen oder großmütterlichen Küche empfunden, da die bescheidenen Hülsenfrüchte wie Bohnen, Saubohnen, Kichererbsen und Linsen hier nie aus dem Speisezettel verschwunden sind; das gleiche gilt für alte Getreidesorten wie Buchweizen oder Dinkel, die sich in manchen Provinzen erhalten haben aus einer agrarischen Vergangenheit, die nicht mehr als vierzig Jahre zurückliegt.

Wie intensiv vor allem in Süditalien die alte bäuerliche Welt in die technisierte Gegenwart hineinwirkt, kann man in Tommaso Di Ciaulas Büchern nachlesen, der als Bauernsohn und Arbeiter die neuen Lebensformen der Fabrik- und Konsumgesellschaft mit aggressivem Witz schildert. In seinem ersten Buch »Der Fabrikaffe und die Bäume« schrieb er: »Früher konnte man von Festen leben. Wenn du bei allen Festen dabei warst, konntest du mal da mal dort umsonst essen. Wenn in Mola di Bari das Tintenfischfest war, ging man eben nach Mola, um Tintenfische zu essen. Dann gab es auch noch das

Fest der ›Calzoni‹, der mit Zwiebeln gefüllten Teigtaschen; das war in Acquaviva delle Fonti. In Mariotto war das Traubenfest und in San Michele das Fest der ›Zampine‹, der gebratenen Schweinsfüße.« Daß sich die Tradition dieser Freß-Feste in Süditalien erhalten hat, beweist die kuriose Geschichte des Schneckenfestes von Santa Maria di Catanzaro, die mir ein Freund aus Catanzaro erzählt hat. In Santa Maria, einem Ort von fünftausend Einwohnern, hat man vor ungefähr zehn Jahren angefangen, die beliebten kalabresischen Schnecken der Umgebung zu züchten. Es handelt sich um kleine Schnecken mit grünlichgestreiften Häuschen, die unter dem Namen *Vermiture* oder *Dormiture* auf den Märkten angeboten werden und so gefragt sind, daß ein Kilo Schnekken mehr kostet als ein Kilo Kalbfleisch. Diese Schneckenzucht, die mit viel Sorgfalt und Sachkenntnis in Hinterhöfen und Gärten betrieben wird, ist im Lauf der Zeit für Angestellte und Arbeiter, Lehrer und Handwerker zu einem lukrativen Hobby geworden. So war es nahcliegend, im April 1989 zum ersten Mal ein Schneckenfest, eine *sagra della vermitura* zu proklamieren. Ein Holzschnitzer hatte für diesen Anlaß aus einem Olivenstamm eine riesige Schnecke geschnitzt, die an der Spitze des Festumzugs zu den Klängen der Musikkapelle durch die Straßen getragen wurde. Es folgte das Festmahl auf der Piazza, das aus Schneckenragout, Brot und Wein bestand. Die Schneckenliebhaber hatten aber nicht mit der Strenge ihres Pfarrherrn gerechnet, der die heidnische Prozession öffentlich verdammte, was zu Empörung, Streit und Zeitungspolemiken führte und schließlich zur Spaltung der Bevölkerung von Santa Maria in Schneckengegner und Schneckenbefürworter.

Der Sache der Feinschmecker hat der Streit nicht geschadet, im Gegenteil: man hält jetzt Ausschau nach Gemeinden in der Toscana oder im Piemont, mit denen man im Zeichen der Schnecke einen Freundschaftspakt schließen könnte. Man geht davon aus, daß in Italien immer genug anspruchsvolle Esser leben, die sich bei der Bedrohung ihrer Leidenschaft ebenso gerne zusammenrotten wie bei deren Ausübung. Mit Recht.

Como
oder warum Salbei zu Fisch paßt

So lange Sergio in Como wohnte, habe ich dort meistens Station gemacht, bevor ich nach Florenz, Rom oder Neapel weiterreiste. Como ist eine gute Einstimmung für Italien: sein von Mauern umgebener Stadtkern geht auf die Römerzeit zurück: ein Geviert von fünfhundertfünfzig auf vierhundert Meter, in dem es elegante Straßenzüge, vornehme Palazzi und einen Dom mit angebautem Rathaus gibt, die zusammen einen der schönsten Baukomplexe der Lombardei bilden. Und vom Quai aus der Blick auf die schimmernde Wasserfläche des Sees, an dessen Ufer die alten Villenparks mit Linden, Rhododendren, Magnolien und Gardenien den steilen Hang emporsteigen. Die Italiener kennen den Comer See aus der Schule, wo Alessandro Manzonis »Promessi Sposi« zur Pflichtlektüre gehören. Dieser berühmteste italienische Roman beginnt mit einer großartig genauen, ja fast pedantischen Schilderung der Seelandschaft, deren erster Satz lautet: »Jener Südarm des Comer Sees zwischen zwei ununterbrochenen Ketten von Bergen, die durch ihr Vordrängen und Zurücktreten zahlreiche Busen und Buchten bilden, verengt sich am Ende fast unvermittelt und nimmt zwischen einem Vorgebirge zur Rechten und einem breiten Gestade auf der andern Seite Lauf und Gestalt eines Flusses an.«
Ich kann mich noch gut an meinen ersten Abend in Como erinnern. Es war ein schöner und milder Märztag. Sergio holte mich am Bahnhof ab, und beim Campari in der »Lili-Bar« erzählte er mir, seine Frau sei in der Redaktion für einen kranken Kollegen eingesprungen und werde erst gegen elf Uhr zurück sein. Das hinderte ihn aber nicht, mich zum Abendessen bei sich einzuladen. Und Sergio kann, wohlverstanden, nicht kochen. Er setzte mir einfach Linettas Spezialitäten vor: marinierte Fische als Vorspeise und als Hauptgang eine Minestrone mit geriebenem Parmesan, Brot und Rotwein. Zum Abschluß gab es *Formaggini*, kleine runde

Menaggio am Comer See

Alpenkäslein: die Feinschmecker in der Lombardei und im Tessin essen die Formaggini aber nicht frisch und fad wie die ahnungslosen Touristen aus dem Norden: sie lassen sie auf einem Holzbrett an einem kühlen Ort reifen, bis sie eine Rinde und eine dickflüssige, aromatische Konsistenz haben. Dann bestreut man sie mit Pfeffer aus der Mühle und gießt ein paar Tropfen gutes Olivenöl darüber. Mir ist an jenem Abend klargeworden, was Gastfreundschaft bedeutet. Das hat nichts zu tun mit dem Zeremoniell von Einladung und Gegeneinladung, wie wir es pflegen; das ist vielmehr eine Lebensform, die darauf beruht, daß man mit den Mitmenschen gesellig lebt und bereit ist, mit ihnen Speise und Trank zu teilen.
Auch die marinierten Fische – sie heißen an den lombardischen Seen *Pesce in carpione* – sind ein gastfreundliches Gericht, das man nie nur für ein einziges Mal zubereitet. Man macht sie auf Vorrat; ihr Rezept stammt aus einer Zeit, da das Tiefkühlen noch nicht erfunden war und man die gebratenen Fische in eine Essigmarinade einlegte und so mindestens zwei Wochen im Keller aufbewahren konnte. Linetta hat mir später ihr Rezept anvertraut.

Pesce in carpione
Marinierter Fisch

1 kg Felchen, Forellen oder Weißfische
Mehl, Erdnußöl
Für die Marinade:
1 Zwiebel, 2 Karotten, 1 Zweig Sellerieblätter
½ l Weinessig
½ l Weißwein
Salz, Pfeffer und Rotweinessig
½ Teelöffel Zucker
Thymian, Majoran
1 Lorbeerblatt
2 Salbeiblätter
1 Sträußchen Petersilie

Man wendet die Fische im Mehl, das man danach gut abklopft, brät sie im heißen Öl goldgelb und legt sie dann auf Küchenpapier, damit das überflüssige Öl aufgesaugt wird.
Für die Marinade schneidet man Zwiebel, Karotten und Sellerie fein und dünstet sie im Öl, in dem man die Fische gebraten hat,

gut durch, streut einen halben Eßlöffel Mehl darüber, dünstet weiter und löscht dann mit dem Rotweinessig und dem Weißwein ab. Man würzt mit Salz, Pfeffer und Zucker, mit Thymian, Majoran, Lorbeer, Salbei und der feingehackten Petersilie, bringt die Marinade zum Kochen und läßt dann eine halbe Stunde auf kleinem Feuer weiterköcheln, bis das Gemüse weich ist. Wenn die Marinade erkaltet ist, gießt man sie über die Fische, die man vorher in eine flache Schüssel nebeneinandergelegt hat. Sie müssen von der Flüssigkeit ganz bedeckt sein. Man belegt die Schüssel mit einer Alufolie und stellt sie für einen Tag an einen kühlen Ort. Man kann diese marinierten Fische ohne Bedenken 10–14 Tage aufbewahren; sie werden immer mürber und aromatischer. Man serviert sie als Vor- oder Hauptspeise. Anstatt ganzer Fische lassen sich auch Fischfilets verwenden.

Von Linetta habe ich nicht nur gelernt, was Gastfreundschaft ist; in ihrer hellen, sauberen Küche mit dem großen Marmortisch habe ich auch festgestellt, daß zur Kunst des Kochens nicht in erster Linie Phantasie, sondern vor allem Erfahrung, Maß und Genauigkeit gehören. Jedes Küchenkraut hat für sie seinen klar beschränkten Anwendungsbereich, und daß es nördlich der Alpen Hausfrauen geben soll, die getrocknete Kräutermischungen verwenden, ist ihr ein Rätsel. Sie benutzt nur frische Kräuter, und wenn Basilikum, Estragon und Dill im Herbst verwelken, beschränkt sie sich eben auf Salbei, Rosmarin und Oregano, die in ihrem kleinen Kräutergarten das ganze Jahr hindurch grünen. Dieser Beschränkung verdankt sie wohl die Einsicht, daß der herbe Geschmack des Salbei vorzüglich zu den Fischen aus dem Comer See paßt. Unvergeßlich sind mir ihre *Lavarelli alla salvia*, eine Art Felchen, die sie in einer feuerfesten Form im Ofen schmoren läßt. Ihre Zubereitung ist kinderleicht: man bestreut sie mit Salz, übergießt sie mit flüssiger Butter, legt zwei Salbeiblätter dazu und begießt sie während der fünfzehnminütigen Garzeit ein paarmal mit der Schmorflüssigkeit.
Auch Linettas Minestrone ist ein sozusagen klassisches Gericht, dessen Zutaten man während des ganzen Jahres im Garten findet. Sommergemüse wie Erbsen, Gurken, Auberginen oder gar Peperoni passen nicht zu ihr.

Minestrone
Gemüsesuppe

Zutaten für vier Personen
(es ist aber empfehlenswert, die doppelte Menge zu nehmen):
50 g Speckwürfel (von gesalzenem Speck)
2–3 Salbeiblätter
2–3 Knoblauchzehen
30 g Butter
1 kleiner Wirsingkopf
1–2 Lauchstengel
2–3 Karotten
1 Zweig Sellerieblätter
1 Sträußchen Petersilie
2–3 Kartoffeln
250 g Borlottibohnen
100 g Parmesankäse
1 l Wasser und Bouillonwürfel oder
2 l Knochenbrühe
Salz, Pfeffer

Die gesprenkelten kleinen Borlottibohnen werden über Nacht in kaltem Wasser eingeweicht. Dann gießt man das Einweichwasser ab, füllt frisches kaltes Wasser auf, bis die Bohnen bedeckt sind, salzt leicht und kocht sie in 1½–2 Stunden weich. Das ist eine Vorsichtsmaßnahme, weil es vorkommt, daß irgendwelche chemischen Prozesse die Bohnen daran hindern, zusammen mit den anderen Gemüsen weich zu werden. Hat man im Spätsommer frische Bohnenkerne (das doppelte Gewicht), so vermischt man sie direkt mit dem übrigen Gemüse, das geputzt, gewaschen und so fein wie möglich geschnitten wird. Dann läßt man – am besten in einem Steinguttopf – die Butter flüssig werden, brät darin die Speckwürfel glasig und dämpft alle Gemüse und Kräuter (außer den Kartoffeln) so lange, bis der austretende Saft den Boden der Pfanne bedeckt. Man löscht mit der heißen Knochenbrühe oder mit dem heißen Wasser (und dem Fleischbrühwürfel) ab, würzt mit Salz und Pfeffer, läßt alles aufkochen und gibt zum Schluß die geschälten und sehr fein geschnittenen Kartoffeln dazu, die sich im Laufe der Kochzeit auflösen und der Flüssigkeit eine sämige Konsistenz geben sollen. Die Kochzeit auf kleinem Feuer beträgt 1½ Stunden. Dann gibt man die Borlottibohnen dazu und läßt noch dreißig Minuten weiterziehen. Falls die Minestrone zu wenig dickflüssig ist, läßt man sie am Schluß auf etwas größerem Feuer und ohne Deckel einkochen.

Eine wichtige Variante der Minestrone ist die *Busecca*, die Kuttelsuppe, die an den lombardischen Seen so beliebt ist wie in den Tessiner Tälern. Sie wird genau wie die Minestrone zubereitet; nach 1½ Stunden fügt man aber zusammen mit den Borlotti ein Pfund feingeschnittene Kutteln bei und läßt noch eine halbe Stunde weiterkochen.
Busecchina, »kleine Kuttelsuppe«, heißt übrigens eine einfache und feine Süßspeise, die ich in Como und auch im Tessin gegessen habe. Vermutlich weil die gedörrten Kastanien, aus denen sie zubereitet wird, eine ähnliche hellbeige Farbe haben wie die Kutteln.
Dieses ländliche Gericht, für das ich alle übersüßten Desserts der Welt hergebe, enthält das Geheimnis der Kochkunst: ein reines, unverfälschtes Naturprodukt wie die Kastanie, das im richtigen Moment mit Sorgfalt gekocht wird.

Busecchina
Kastaniendessert

500 g gedörrte Kastanien
Wasser
1 Glas Weißwein
0,2 l Sahne

Man weicht die Kastanien in lauwarmem Wasser über Nacht ein. Dann gießt man das Wasser ab und putzt mit einer harten Bürste die restlichen braunen Häutchen weg. Nun setzt man die sauber gewaschenen Kastanien mit kaltem Wasser bedeckt aufs Feuer, fügt den Weißwein bei und kocht sie bei kleinster Hitze weich. Das dauert 1½–2 Stunden. Wenn die Kochflüssigkeit zu rasch abnimmt, füllt man ein oder zwei Tassen heißes Wasser nach. Am Ende haben die Kastanien fast alle Flüssigkeit aufgesogen, und der Boden des Kochtopfs ist mit einer rosafarbenen Sauce bedeckt, die ein angenehm süßes und kräftiges Aroma hat. Man serviert die Kastanien auf kleinen Tellern oder Glasschalen mit ein wenig Sauce und begießt sie mit der Sahne.

Heute wohnen Sergio und Linetta in Mailand; Como ist für mich aber ein wichtiger Bezugspunkt geblieben. Das hat seinen Grund darin, daß in Como die Konzerte des »Autunno musicale« im großartigen klassizistischen Rahmen der Villa

Olmi stattfinden und daß es dort die Seteria Martinetti gibt, wo Boutiquebesitzer und Schneiderinnen aus der halben Lombardei einkaufen: ein Stoffparadies im Hinterhof, wo Tausende von Seidenrollen auf den Gestellen liegen und superfeine Leinenstoffe auf ihre Verarbeitung zu Maßhemden warten. Manchmal gehe ich auch bei Gerosa vorbei, dem hochmodernen Lampengeschäft nicht weit vom Eingang zur Cittá murata, wo jeder zweite Kunde deutscher Muttersprache und aus dem Tessin angereist ist. Nicht zuletzt lohnt es sich, nach Como zu fahren, um so gut italienisch zu essen, wie das in dem von Touristen überfremdeten Tessin nicht mehr möglich ist. Eine vorzügliche Adresse ist die »Trattoria delle Catene«, wo man echt einheimische Gerichte wie Polenta mit Schneckenragout oder Risotto mit Borlottibohnen bekommt. Hier habe ich auch zum ersten Mal die Crema del Lario gegessen, eine kühne und glückliche Verbindung von Schlagsahne und Zitrone.

Crema del Lario
Zitronen-Schlagsahne

0,25 l Sahne
50 g Zucker
½ Zitrone
2 Gläschen Grappa

Man schlägt die Sahne steif und vermischt sie sorgfältig mit dem Zucker und der abgeriebenen Zitronenschale. Dann gibt man unter ständigem Rühren den Zitronensaft zu und stellt dabei fest, daß die geschlagene Sahne die Säure aufnimmt, ohne zu gerinnen. Zum Schluß gibt man die Grappa bei, richtet die Sahne in Glasschalen an und stellt sie bis zum Servieren in den Kühlschrank.

Piemont
oder ein Hauch von Frankreich

Lange bevor ich ins Piemont kam, hatte ich von dieser Provinz und ihrer Hauptstadt Turin vielfältige und lebhafte Vorstellungen. Vor allem natürlich aus dem Werk Cesare Paveses, in dem die Hügellandschaft des Monferrato mit ihren Weinbergen, Wäldern und Dörfern als mythisches Land der verlorenen Kindheit gegenwärtig ist. Auch aus Natalia Ginzburgs »Familienlexikon«, das ohne romanhafte Verfremdung die Geschichte ihrer Familie erzählt und darüber hinaus die Geschichte Turins in den dreißiger und vierziger Jahren mit seiner Kultur und seinem politischen Mut. Und schließlich aus den Kriminalromanen von Fruttero und Lucentini, die das Labyrinth der Turiner Gesellschaft zwischen Großindustrie, Schickeria und mafioser Unterwelt mit trickreichem Charme darstellen.

Auch die berühmte piemontesische Gastronomie, in der sich französische Raffinesse und italienische Naturqualität verbinden, war mir nicht unbekannt: Weiße Trüffel von Alba werden ja in die halbe Welt exportiert; ihr demonstrativer Konsum ist nicht immer ein Zeichen für Feinschmeckerei, und Luigi Malerba hat mir einmal erklärt, wie man auch mit einem starken Schnupfen ein höflicher Trüffelesser sein kann, indem man im richtigen Moment die richtigen Faxen macht, um die Unübertrefflichkeit des soeben genossenen Aromas zu dokumentieren

Auch die klassische *Bagna caoda* (heiße Sauce), die Urmutter aller Fondues, habe ich außerhalb des Piemonts kennengelernt: in Neapel bei Heimweh-Turinern. Diese Sauce aus Öl, Butter, Knoblauch und Sardellen wird in einem Tontopf angerührt und auf einem Rechaud kochend heiß gehalten. Man tunkt in sie weder Fleisch- noch Brotwürfel, sondern rohes Gemüse, was gesünder und abwechslungsreicher ist. Das klassische Gemüse zur Bagna caoda sind die Karden, die gebleichten Stengel einer Distelart (französisch *cardons*, italienisch *cardi*); sehr gut schmecken auch Stangensellerie, Fenchel, Peperoni, Blumenkohl und Artischocken.

Turin, Arkade an der Piazza San Carlo

Zum ersten Mal kam ich 1966 nach Turin, als Natalia Ginzburgs Komödie »Ti ho sposato per allegria« im Teatro Carignano uraufgeführt wurde. Ich fühlte mich sogleich wohl in dieser Stadt, in der man vom Bahnhof aus durch lange Straßenzüge mit Bogengängen ins Zentrum gelangt, wo sich die großen Plätze mit ihren barocken Palästen, Kirchen und Standbildern öffnen. Kein Wunder, daß Giorgio De Chirico, der Turin 1911 zum ersten Mal sah, von dieser Stadt zu seiner *Pittura metafisica* inspiriert wurde. Er schrieb: »Der Zauber von Turin wird noch gesteigert durch die geradlinige, geometrische Anlage der Straßen und Plätze und durch die Arkaden, unter denen man bei jedem Wetter promenieren kann. Diese Bogengänge lassen die Stadt wie für philosophische Gespräche, Sammlung und Meditation gebaut aussehen. In Turin ist alles Erscheinung. Man gerät auf einen Platz und steht einem Mann aus Stein gegenüber, der einen anblickt, wie nur Statuen zu schauen wissen. Manchmal versperrt den Horizont eine Mauer, hinter der man das Pfeifen von Lokomotiven, das Geräusch eines anfahrenden Zuges vernimmt.

Alle Sehnsucht nach dem Unendlichen erschließt sich einem durch die geometrische Präzision der Plätze.«
Es war ein regnerischer Maitag, und ich genoß es, ohne Regenschirm unter den Arkaden des Stadtzentrums zu spazieren und altväterlich-elegante Läden mit vergoldeten Firmenschildern zu betrachten, in denen mit großem Geschmack elegante Kleider, kostbare Stoffe und gastronomische Delikatessen arrangiert waren. Nach der Premiere, die von einem Publikum von Freunden und Bekannten sehr herzlich applaudiert wurde, ging man zum Essen in ein Restaurant, dessen Namen ich nicht mehr weiß. Dafür kann ich mich ans Menü erinnern: es gab Gnocchi auf Piemonteser Art in einer Tomatensauce und Vitello tonnato, beides von bester Qualität, begleitet von einem jungen Barbera mit reichem Bouquet. Das Rezept der Gnocchi habe ich später von Marisa bekommen.

Gnocchi di patate alla piemontese
Kartoffelgnocchi nach Piemonteser Art

1 kg Kartoffeln
200 g Weizenmehl
2 Eier
Salz

Man kocht die Kartoffeln in der Schale weich, schält sie noch warm und treibt sie durch ein Sieb. Dann läßt man sie etwas erkalten, vermischt sie mit den verrührten Eiern, dem Mehl und wenig Salz und knetet den Teig gut durch, bis er nicht mehr an den Händen klebt. Nun rollt man mit bemehlten Händen fingerdicke Röllchen, die man in 2 cm lange Stücke schneidet. Diese Teigstücke legt man einzeln auf eine Gabel, die man in der linken Hand hält. Mit dem Daumen der rechten Hand drückt man auf das Teigstück, daß es sich ein bißchen einrollt, wodurch die typische muschelförmige Gnocchiform mit der Zeichnung der Gabelzinken entsteht. Man kocht sie in reichlich Salzwasser in wenigen Minuten weich und hebt sie mit dem Schaumlöffel heraus, sobald sie an die Oberfläche steigen. Man läßt sie gut abtropfen und gibt sie in eine vorgewärmte Schüssel.
Am besten schmecken diese Gnocchi, wenn man sie mit zerlassener Butter übergießt, in der man ein Salbeiblatt mitdünsten kann, und reichlich mit geriebenem Parmesan bestreut. Man kann sie auch mit Tomaten- oder Hackfleischsauce servieren.

Das Kalbfleisch in Thunfischsauce *(vitello tonnato)* ist eines der raffiniertesten und besten Fleischgerichte Italiens. Daß es eine Spezialität des Piemont ist, weiß ich von Marisa, die mir erklärte, daß Meeresfisch*konserven* wie Thunfisch, Sardellen in Öl oder Salz und natürlich Klippfisch *(baccalá)* typisch sind für ihre Heimatprovinz, die nirgends ans Meer grenzt.

Vitello tonnato
Kalbfleisch in Thunfischsauce

Zutaten für 6 Personen:
1 kg Kalbfleisch (Schulter)
1 Karotte
1 Zwiebel
(besteckt mit einem Lorbeerblatt und 2 Gewürznelken)
300 g Thunfisch
2 Sardellenfilets
0,2 l Olivenöl
2 Eigelb
1 Eßlöffel Kapern
Salz

Man kocht das Fleisch mit der Zwiebel und der Karotte in Salzwasser auf kleinstem Feuer, bis es gar ist, was ungefähr anderthalb Stunden dauert, und läßt es dann im Sud erkalten. Man püriert den abgetropften Thunfisch, die Sardellenfilets und 0,1 l Sud des Kalbfleischs zu einer dickflüssigen Sauce, der man die feingewiegten Kapern beifügt. Aus den Eiern und dem Olivenöl rührt man eine Mayonnaise, die man mit dem Zitronensaft und Salz abschmeckt. Dann vermischt man die Thunfischsauce mit der Mayonnaise. Wenn nötig verdünnt man die Sauce nochmals mit etwas Kochwasser. Nun nimmt man das kalte Fleisch aus dem Sud, schneidet es in Scheiben, setzt es wieder zu seiner ursprünglichen Form zusammen und legt es in ein nicht zu großes, tiefes Gefäß. Man gießt die Sauce über das Fleisch und läßt es ein paar Stunden oder auch einen Tag im Kühlschrank durchziehen. Zum Servieren richtet man die Fleischscheiben ziegelartig auf einer flachen Platte an, rührt die Sauce gut durch und gießt sie über das Fleisch. Man dekoriert die Platte mit Eivierteln, Salzgurken oder Oliven.
PS: Man kann auch Hühnerbrüstchen mit einer Thunfischmayonnaise überziehen; auch Felchen- oder Forellenfilets schmecken mit dieser Sauce ausgezeichnet.

Am folgenden Tag war ich mit einem Freund aus dem Verlagshaus Einaudi im »Ristorante del Cambio« zum Mittagessen verabredet. Wenn man dieses elegante Lokal betritt, taucht man ins vergangene Jahrhundert ein: unendlich hohe Räume, Kristalleuchter, roter Plüsch, Spiegel und Fresken schaffen eine Atmosphäre des Luxus, und von den Wänden schauen in kostbaren Rahmen die ersten Könige Italiens. Man glaubt sofort, daß schon Cavour hier Stammgast war. Auf der Speisekarte figurieren französische neben piemontesischen Spezialitäten; von seltener Qualität waren die warmen Hors-d'œuvres: Miniportiönchen von delikat gewürzten Muscheln, Fischen, Krebsen, Kalbsbries, zarten Gemüsen und Pilzen. Obwohl die Speisekarte des Cambio mit allen traditionellen Spezialitäten der butter- und sahnereichen piemontesischen Küche verlockt – von der *Salsa finanziera*, zu der Hahnenkämme und Kalbsrückenmark gehören, bis zu den delikaten Gemüsen in Sahne- und Béchamelsaucen –, gingen wir von der Vorspeise gleich zum Dessert über, und ich lernte die *Panna cotta* (gekochte Sahne) kennen, ein mit Gelatine gesteiftes Sahneköpfchen, das mit frischen Walderdbeeren serviert wurde und sehr delikat schmeckte. Dem Rezept bin ich Jahre später bei Christoph und Rosanna begegnet, welche die Panna cotta in einem Restaurant im ligurischen Bonassola gegessen hatten. Die Zubereitung wurde ihnen nicht verraten, und seither experimentiert Christoph mit gutem Erfolg an diesem Dessert herum. Seine Panna cotta wird wie ein Karamelköpfchen mit gebranntem Zucker verfeinert.

Turin, Crocetta-Markt

Panna cotta
Gekochte Sahne

Zutaten für 8 Personen:
- *1 l Sahne*
- *2 Eßlöffel Puderzucker*
- *3 Vanillestangen*
- *5 Blatt Gelatine*
- *80 g Zucker*
- *Amarettolikör*

Man läßt die Sahne mit dem Puderzucker und dem Mark der Vanillestangen aufkochen, zieht dann die Pfanne vom Feuer, läßt die Sahne etwas abkühlen und vermischt sie unter kräftigem Rühren mit der Gelatine, die man in lauwarmem Wasser aufgelöst hat. Dann läßt man den Zucker in einer Pfanne karamelisieren, gießt damit Portionenförmchen aus und füllt die Sahne ein. Damit das Caramel gut aufgesogen wird, sollte man die Förmchen einen halben Tag in den Kühlschrank stellen. Zum Anrichten taucht man die Förmchen rasch in heißes Wasser und stürzt sie auf einen Teller, auf den man zuvor einen Teelöffel Amarettolikör gegeben hat. Panna cotta, die man mit frischen Beeren serviert, wird ohne Caramel hergestellt.

Die Landschaft des Piemonts lernte ich ein paar Jahre später kennen, als ich mit Lorenzo von Laigueglia an der Riviera über Turin, das Aostatal und den Großen Sankt Bernhard in die Schweiz zurückreiste. Unser erstes Etappenziel war Alba, die Hauptstadt der Langhe und Heimat der großen Rotweine des Piemont und des weißen Trüffels. Es war im September, kurz vor der Weinlese, und die gleichmäßigen Höhenzüge mit ihren terrassierten Weinbergen, soweit das Auge reicht, nur hier und da unterbrochen von Haselnußgebüsch, gelben Sandstreifen und einsamen Gehöften oder halbzerfallenen Türmen, erinnerten an Pavese: »Ein Weinberg, der an einem Hügel aufsteigt, bis er in den Himmel einschneidet, ist ein vertrauter Anblick; und doch erscheinen die einfachen tiefen Reihen wie Vorhänge vor einer magischen Pforte. Unter den Reben ist die rote Erde umgebrochen, die Blätter verbergen Schätze, und jenseits der Blätter steht der Himmel. Es ist ein immer weicher, reifer Himmel, an dem – auch sie Schatz und Reben – die dichten Septemberwolken fehlen. Alles das ist vertraut und weit entfernt, gehört kurz gesagt zur Kindheit, aber es erschüttert jedesmal, als wäre es eine Welt.«
Auch ein anderer großer Schriftsteller des Piemont stammt aus dieser Gegend: Beppe Fenoglio, in dessen düsteren und dramatischen Resistance-Romanen die Hügel der Langhe fast nur im Regen, Nebel oder Schnee auftauchen, lebte von 1922 bis 1963 in Alba, wo er Direktor einer großen Weinfirma war. Wir haben sein Geburtshaus gesehen, das an der Piazza Rossetti neben dem gotischen Dom steht.
Alba ist eine Feinschmecker-Stadt, in der es fast unmöglich ist, ein schlechtes Restaurant zu finden. Am Abend gingen wir

Landschaft im südlichen Piemont

in der Nähe des Bahnhofs in eine einfache Trattoria mit viel Betrieb, was in Italien fast immer ein gutes Zeichen ist, und bestellten einen *Bollito misto*, dessen Qualität und Vielfalt uns beeindruckte: es gab nicht nur saftiges gekochtes Rindfleisch, Kalbfleisch, Zunge und Huhn, sondern auch Kalbskopf und Cotechino, eine würzige Schweinswurst. Dazu gab es Brot, *Salsa verde*, Senffrüchte und Essigzwiebeln. Meine Salsa verde machte ich noch heute nach dem Rezept, das ich damals beim Wirt erfragt habe.

Salsa verde
Grüne Sauce

6.1.21 × 2 Eßl.
mein Weinessig zu sauer

1 Sträußchen Petersilie
1 Knoblauchzehe
2 Sardellenfilets oder etwas Sardellenpaste
Salz, Pfeffer
1 Eßlöffel Weinessig
3 Eßlöffel Olivenöl
2–3 Eßlöffel heiße Fleischbrühe
Paniermehl ×

Man wiegt die Petersilie, den Knoblauch und die Sardellenfilets sehr fein und vermischt sie mit Weinessig und Paniermehl. Nach und nach rührt man das Öl hinzu und würzt mit Salz und frischgemahlenem Pfeffer. Man läßt die Sauce eine halbe Stunde durchziehen und macht sie vor dem Auftragen mit heißer Fleischbrühe etwas flüssiger.

Viel aromatischer und besser als nördlich der Alpen schmeckten die Essigzwiebelchen. Das liegt einerseits an der feineren Qualität der italienischen Zwiebeln, andererseits an der Tatsache, daß sie in milden Weinessig eingelegt werden, was ihnen nicht nur ihr gutes Aroma, sondern auch ihre schöne rote Farbe gibt.

Cipolline sott'aceto
Essigzwiebelchen

1 kg Perlzwiebeln oder Schalotten
10 g Salz
1 l guter Rotweinessig
20 Pfefferkörner
4 Lorbeerblätter

Man läßt den Essig mit den Zutaten aufkochen und kocht darin die geschälten Zwiebelchen lagenweise 1–2 Minuten. Dann hebt man sie heraus und füllt sie in kleine Gläser oder einen Steinguttopf. Wenn der Essig erkaltet ist, gießt man ihn mitsamt den Gewürzen darüber. Die Zwiebeln müssen vom Essig bedeckt sein. Nach zwei bis drei Tagen gießt man den Essig wieder von den Zwiebeln ab, kocht ihn auf und gießt ihn erkaltet wieder zurück. Dann bedeckt man die Gläser oder den Topf und stellt sie an einen kühlen Ort.

Sarazenenkorn und Veltlinerwein

Die erste Begegnung mit der Küche des Veltlins habe ich in einem Zürcher Restaurant gemacht: im St. Jakob am Stauffacher. Sein Besitzer, Karl Bienz, ist mit einer Veltlinerin verheiratet, von der er gelernt hat, wie man *Pizzoccheri* zubereitet. An seinem Hochzeitstag hat er sechs Teller dieser nahrhaften Veltliner Spezialität gegessen, und seither kocht er die Pizzoccheri für Veltliner und Zürcher auch in seinem Restaurant. Sie figurieren allerdings nicht auf der Speisekarte: man muß sie vorausbestellen, und zwar für mindestens fünf Personen; sonst lohnt sich die Mühe für den Küchenchef nicht.
Die Pizzoccheri sind ein fleischloses Gericht, das alle Naturprodukte, die ein armes Bergtal seinen Bewohnern bietet, in phantasievoller und schmackhafter Weise kombiniert: Butter, Käse, Knoblauch, Kartoffeln, Wirsing und hausgemachte Nudeln aus Buchweizenmehl.
Der Buchweizen ist eine der ältesten Kulturpflanzen; er ist so genügsam, daß er auf kargen Sandböden und in Gebirgslagen wächst; auf den russischen Steppen ist ihm gleich wohl wie in den Alpentälern Italiens. Seine dreikantigen, nüßchenartigen Früchte sind den Bucheckern ähnlich – daher der Name Buchweizen. In der alternativen Küche der siebziger Jahre ist er neu entdeckt worden: er gehört wie Gerste, Hafer, Hirse und Roggen zu den wertvollen und schmackhaften Getreidesorten, bei denen das ganze Korn verwendet wird; deshalb enthält er viel mehr Mineralstoffe und Vitamin B als gewöhnliches Weizenmehl. Im Mittelalter wurde er in ganz Europa dort angebaut, wo das Klima für den Weizen zu rauh war. In Italien nennt man ihn *grano saraceno*, in Frankreich *blé sarrasin*, was Sarazenenkorn heißt; nördlich der Alpen war er als Heidenkorn bekannt – diese Namen können sich sowohl auf die Herkunft des Getreides aus arabischen Ländern beziehen als auch auf seine dunkle Farbe; denn als Sarazenen bezeichnete man im Mittelalter alle Mohammedaner des Mittelmeerraums. Heute kultiviert man den Buchweizen nur noch in Randgebieten: im Veltlin, in der Steiermark, in Jugoslawien und in Teilen Rußlands, wo man ihn zur Zubereitung

der berühmten Bliny-Omelettes braucht, die mit den *Crêpes de sarrasin* der Bretagne von fern verwandt sind. Da Buchweizen kein Klebereiweiß enthält, muß man ihn mit anderen Mehlsorten oder mit Eiern mischen, damit der Teig zusammenhält.
Mein Pizzoccheri-Rezept für zehn Personen habe ich vom Restaurant »St. Jakob«. Es verwendet zur Hälfte Buchweizen- und zur Hälfte Weizenmehl; im Veltlin werden die beiden Mehlsorten dagegen im Verhältnis zwei zu eins gemischt.

Pizzoccheri
Buchweizennudeln

Zutaten für 10 Personen:
750 g Buchweizenmehl
750 g Weizenmehl
1 mittlerer Wirsingkopf
4 Kartoffeln
300 g Butter
5 Knoblauchzehen
300 g geriebener Parmesankäse

Man verrührt die beiden Mehlsorten mit lauwarmem Wasser zu einem festen Nudelteig, den man nicht zu dünn auswalzt und in 5 cm lange und 1 cm breite Streifen schneidet. Dann bringt man in einem großen Topf Salzwasser zum Kochen und gibt als erstes den in Streifen geschnittenen Wirsing bei. Wenn der Wirsing halbgar ist, fügt man die gewürfelten Kartoffeln und die Nudeln bei, die in ungefähr zwanzig Minuten weich gekocht sind. Unterdessen läßt man die Butter zergehen, dämpft darin die zerdrückten Knoblauchzehen, passiert dann die goldbraune Knoblauchbutter durch ein Sieb und hält sie warm. Man richtet an, indem man Nudeln, Wirsing und Kartoffeln mit der Schaumkelle aus dem Wasser hebt und lagenweise in eine Schüssel schichtet.
Jede Lage bestreut man mit reichlich Parmesan und begießt sie mit Knoblauchbutter. Herr Bienz rät, den Parmesan mit ein wenig geriebenem Emmentaler zu vermischen; das gibt einen Wohlgeschmack und ein paar Fäden, die diesem Gericht gut anstehen. Im Veltlin verwendet man, wie ich später erfahren habe, nicht Reibkäse, sondern Scheibchen von magerem Veltliner Käse. Anstelle des Wirsings kann man auch grüne Bohnen, Krautstiele oder Mangold verwenden, und die Knoblauchbutter läßt sich auch durch eine Zwiebelschwitze ersetzen.

Die Pizzoccheri sind in der Lombardei so berühmt, daß sich die Lebensmittelindustrie ihrer angenommen hat; in einer Teigwarenfabrik in Morbegno im Veltlin werden sie maschinell hergestellt und pfundweise verpackt. Und diese bequemen Pizzoccheri, die man auch im Supermarkt von Mailand und Zürich kaufen kann, sollen so beliebt sein, daß die Buchweizenproduktion des Veltlins zu ihrer Herstellung gar nicht mehr ausreicht, was dazu geführt hat, daß der Buchweizen aus der Sowjetunion importiert und nur noch in Veltliner Mühlen gemahlen wird.

Zu den Pizzoccheri-Essen kam ich dank Lorenzo, der gute Kontakte zu den Veltlinern in Zürich hatte, weil sein Vater aus diesem Tal stammt. Mit ihm bin ich an einem schönen Herbsttag zu einem Augenschein in die Valtellina gereist. Die Fahrt durch Hinterrheintal und dann auf der kurvenreichen alten Splügenpaßstraße bis Chiavenna war schön und abwechslungsreich. Das Veltlin fand ich dann aber ziemlich enttäuschend: die langgezogene Talebene, die Wiesen, Felder und Gebäude neben der Hauptstraße wirkten auch im durchsichtigen Herbstlicht ziemlich monoton. Erst gegen Sondrio wird die Landschaft attraktiver, mit den steilen, enggestaffelten Weinbergen, die sich auf der rechten Talseite an die Berghänge klammern. Sassella, Grumello, Inferno und Valgella heißen die vier Anbaugebiete, die den klassischen Veltlinerweinen zugleich den Namen geben. Sie ziehen sich von Castione bis Teglio auf einer Länge von siebzig Kilometern an den Hügelflanken über dem Talboden hin. Lorenzo erzählte mir, wie er bei einem früheren Besuch in Montagna, dem Dorf seines Vaters, einen Weinbauern kennenlernte, der ihn in seinen Keller einlud, wo sie mit dem *Boccale*, einem Steingutkrug, der einen Liter faßt, Wein verschiedener Jahrgänge probierten. Dazu gab es Veltliner Roggenbrot und hausgemachte Salami. Der gute Wein hat Lorenzo nur eine schöne Euphorie gebracht, von Kater keine Spur.
In Sondrio bezogen wir in einem alten Hotel an der Piazza Garibaldi ein Zimmer und machten dann einen Spaziergang durch die verschlafene und friedliche Provinzhauptstadt. In einer Bar kamen wir mit Einheimischen ins Gespräch, und als wir uns nach einem guten Gasthaus erkundigten, entstand

eine lange, bedächtig geführte Diskussion, die erst aufhörte, als sich alle unsere Zufallsbekannten auf ein Lokal geeinigt hatten. Einer erbot sich, uns in seinem Auto hinzufahren. Der Wirt, selbst Weinbauer, führt sein Restaurant als Familienbetrieb mit soviel Sorgfalt und Qualitätsbewußtsein, wie man es auch in Italien nicht häufig findet. In Frankreich hätte er vom »Guide Michelin« mindestens einen Stern bekommen. Als Antipasto empfahl er uns *Bresàola*, so heißt das luftgetrocknete Rindfleisch im Veltlin. Es wird aber nicht wie Bündner Fleisch einfach vom Teller gepickt, sondern in eine Delikatesse verwandelt, indem man es mit einer Sauce aus Olivenöl, ein paar Tropfen Zitronensaft und frisch gemahlenem schwarzem Pfeffer dünn überzieht. Dem gleichen einfachen Rezept verdankt ja auch der rohe Fleischsalat aus dem Piemont, der unter dem Namen *Carpaccio* international bekannt ist, seine Berühmtheit. Viele Veltliner würzen übrigens die Marinade nicht nur mit Pfeffer, sondern auch mit Thymian, Majoran und Oregano.
Dann kam ein Gericht, das das Beste aus den Veltliner Bachen und Waldern in einfacher und harmonischer Weise kombiniert:

Trotelle con funghi porcini
Forellenfilets mit Steinpilzen

8 kleine oder 4 große Forellenfilets
400 g frische (oder tiefgefrorene) Steinpilze
50 g Butter
2 Eßlöffel Öl
Weißwein
Salz, Pfeffer
Thymian
1–2 Knoblauchzehen
1 Sträußchen Petersilie

Man läßt die Forellenfilets eine Stunde im Weißwein marinieren, der mit Salz, Pfeffer und Thymian gewürzt ist. Die Steinpilze schneidet man in Scheibchen und gibt sie zusammen mit dem feingehackten Knoblauch in eine Pfanne mit heißem Öl, dünstet sie fünf Minuten, bestreut sie mit der geschnittenen Petersilie und

Vilminore di Scalve

läßt sie noch ein paar Minuten köcheln. Dann läßt man die Butter in einer anderen Pfanne heiß werden und brät darin die Forellenfilets langsam und vorsichtig auf kleinem Feuer und fügt zuletzt den Wein der Marinade bei, den man bei größerer Hitze etwas einkochen läßt. Man serviert die Forellen, mit Steinpilzen bedeckt, auf einer Platte und beträufelt sie eventuell mit etwas zerlassener Butter.

Die Butter spielt in der Veltliner Küche eine wichtige Rolle, und unser Wirt hat betont, daß er, wenn möglich, nicht mit der faden Butter aus dem Milchgeschäft kocht, sondern mit würziger Alpenbutter von privaten Produzenten. Auch Sahne gehört in diese cholesterinreiche Küche: an Festtagen kochte man früher die Polenta mit Sahne anstatt mit Wasser, und auch Fleischsaucen werden gern mit Sahne verfeinert.
Als Hauptgang bestellten wir einen Gemspfeffer, der sein unvergleichliches Aroma dem Kakaopulver verdankt, das der Sauce zuletzt mit etwas Sahne und einem Schuß Grappa beigefügt wird.

Salmì di camoscio
Gemspfeffer

Zutaten für sechs Personen:
2 kg Gemsenragout
50 g Speckwürfel
20 g Kakaopulver
150 g Karotten
150 g Zwiebeln
150 g Sellerie
1 Knoblauchzehe
2 Wacholderbeeren
2 Gewürznelken
1 Lorbeerblatt
1 Stück Zimtstengel
Pfefferkörner
2 Eßlöffel Mehl
0,1 l Sahne
eine Flasche guten Veltlinerwein
1 Gläschen Grappa
Öl, Salz

Füllen von Käseformen im Veltlin

Man putzt das Gemüse, schneidet die Karotten in Scheiben, die Zwiebeln in Ringe und den Sellerie in Würfel, legt alles in eine enge hochrandige Schüssel, gießt den Wein dazu, fügt die Gewürze (Knoblauch, Wacholderbeeren, Nelken, Lorbeerblätter, Zimt und Pfefferkörner) bei und legt das Gemsragout in diese Marinade, von der es ganz bedeckt sein muß.
Nach 24 Stunden gießt man die Marinade ab. Im heißen Öl brät man die Speckwürfel glasig, gibt das Gemsfleisch hinzu und brät es bei starker Hitze so lange, bis es zu bräunen beginnt. Dann bestreut man es mit dem Mehl und brät weiter, bis das Mehl Farbe annimmt, löscht mit dem Wein der Marinade ab, salzt und läßt es auf kleiner Flamme in knapp zwei Stunden weich schmoren. Nun gibt man das Kakaopulver bei, das man in der Sahne aufgelöst hat, läßt kurz aufkochen, gießt die Grappa dazu und nimmt den Kochtopf vom Feuer.

Zum Gemspfeffer gab es *Polenta negra*, die dunkle Veltliner Polenta mit dem kräftigen Geschmack, die aus drei Teilen Buchweizen und einem Teil Mais besteht.
Zum Espresso brachte uns der Wirt als *omaggio della casa* zwei Stück wunderbar duftende, krümelige Maistorte, die seine Frau jeden Tag frisch bäckt. Sie hat mir ihr einfaches Rezept aufgeschrieben.

Torta di granoturco
Maiskuchen

250 g feines Maismehl
250 g Weizenmehl
250 g Butter
250 g Zucker
4 Eier
10 g Backpulver
Salz
1 Gläschen Grappa

Man läßt die Butter im Wasserbad flüssig werden, verrührt sie mit den beiden Mehlsorten und fügt den Zucker, die Eigelbe, das Salz, das Backpulver und die Grappa hinzu. Man schlägt die Eiweiße zu Schnee und zieht sie unter den Teig. Dann gibt man den Teig in eine ausgebutterte und mit Maismehl bestäubte Springform und bäckt den Kuchen 40 Minuten im mittelheißen Ofen.

Ich habe diesen Kuchen seither oft gebacken. Er schmeckt auch gut zu einem Glas Süßwein oder zu den Grappa-Heidelbeeren, die ich an diesem denkwürdigen Abend in Sondrio zum ersten Mal kostete. Ihre Zubereitung soll einfach sein: man vermischt 1 kg Heidelbeeren mit 300 g Zucker, läßt sie in einem offenen Glas eine Woche an der Sonne stehen, füllt dann mit Grappa auf und stellt das verschlossene Glas für einige Wochen in den Keller.

Risotto alla milanese

Auf den ersten Blick ist Mailand keine schöne und keine einladende Stadt. In Italien sagt man, die Mailänder seien so sprichwörtlich fleißig, weil sie nichts hätten, was sie zum Nichtstun verleiten könnte: kein Meer, keinen See, keinen Fluß, keine Berge, nicht einmal einen Hügel. Nur ein schlechtes Klima. Im Winter liegt die Stadt tatsächlich tage- und manchmal auch wochenlang unter einer kalten und feuchten Nebeldecke, und im Sommer ist die Luft in den Straßen der lombardischen Metropole oft unerträglich schwül. Zudem gibt es in Mailand zuviel Industrie, zuviel Beton, zu viele Tiefgaragen und Supermärkte. Und auch die Luft ist schlechter als in anderen europäischen Großstädten.
Und dennoch: jedesmal, wenn ich auf den weiten Platz vor dem Hauptbahnhof hinaustrete und die kühne und elegante Silhouette des Wolkenkratzers vor mir sehe, den die Architekten Ponti und Nervi für den Pirelli-Konzern erbauten, freue ich mich, hier zu sein.
Ich weiß nicht genau, woran es liegt, daß ich mich in Mailand so wohl fühle; es hat etwas zu tun mit der Lebendigkeit des Stadtzentrums, wo die kostbaren Zeugen der Vergangenheit – Römersäulen und Barockportale, romanische Basiliken und neoklassizistische Paläste – von gleichgültigen oder häßlichen modernen Gebäuden umgeben, mitten im Verkehrsstrom stehen und sich nur dem neugierigen Blick des Spaziergängers zeigen. Und Spaziergänger sind in dieser fleißigen und geschäftigen Stadt selten. Mich verlockt allerdings keine andere italienische Stadt mehr zum Spazierengehen als gerade Mailand, weil hier die manchmal fast zu vollkommene Reiseprospekt-Schönheit anderer italienischer Städte fehlt, weil man hier Lust bekommt, die unauffälligen Schönheiten selbst zu entdecken.
Dazu kommt, daß es in der Mailänder Innenstadt die schönsten Bars von ganz Italien gibt. Diese blitzsauberen Bars, von denen jede ihren eigenen Charakter hat, machen den Stadtkern für mich zu einem großen wohnlichen Salon, in dem man jederzeit eine Theke findet, an der man etwas trinken oder

essen oder auch ein paar Worte wechseln kann. Diese Bars sind ein Emblem für die Leichtigkeit der sozialen Kontakte: das zeigen schon ihre Glaswände, welche die Grenze zwischen innen und außen aufheben und ihre fast immer offenen Eingangstüren. Die Bar ist eine Art Fortsetzung der Straße; man kennt keinen Konsumierzwang, sondern tritt auch ein, um einen Freund zu grüßen, Zigaretten zu kaufen oder zu telefonieren. Die Bar hat auch etwas von einer kleinen Bühne, auf der die Kunden die Schauspieler sind; man steht und bewegt sich, geht zur Kasse, um zu bezahlen und sieht sich in vielen Spiegeln gespiegelt.

Auch gute Restaurants fehlen in Mailand nicht, und wer ein unbekanntes Lokal erkunden möchte, dem steht in dieser Stadt ein unfehlbarer Test zur Verfügung: Er bestellt einen *Risotto alla milanese*, dessen Qualität ihm genaue Auskunft über die Qualität der Küche geben wird. Einen guten Risotto erkennt man schon optisch: er ist goldgelb, glänzend und dickflüssig, wobei aber Reiskorn für Reiskorn getrennt daliegen und *al dente* gekocht sein muß. Für sein Gelingen sind zwanzig Minuten ungeteilter Aufmerksamkeit am Kochherd nötig.

Bis vor zwanzig Jahren hatte man für den Risotto nur die Wahl zwischen den Sorten Vialone und Arborio; heute sind sich die Köchinnen und die Köche Norditaliens einig, daß der Carnaroli-Reis der beste ist: er gibt einen cremigen Risotto wie der Vialone, brennt aber weniger an und bleibt bis zu zehn Minuten über den richtigen Kochpunkt hinaus körnig. Er ist allerdings teurer als die andern Sorten und außerhalb Italiens noch wenig bekannt.

Risotto alla milanese
Risotto nach Mailänder Art

400 g Vialone- oder Carnaroli-Reis
1 Zwiebel
80 g Butter
50 g Rindermark
(2–3 große Markbeine)
1 Liter Fleischbrühe
1 Prise Safran
50 g geriebener Parmesan

Man läßt die Butter und das Rindermark flüssig werden und dämpft darin die feingehackte Zwiebel; dann gibt man den Reis dazu und röstet ihn gut. Nun löscht man mit wenig kochender Fleischbrühe ab, rührt mit der Holzkelle und wartet, bis die Flüssigkeit ganz aufgesogen ist. So gießt man nach und nach alle Fleischbrühe dazu und achtet darauf, daß der Risotto vom Anfang bis zum Schluß auf starkem Feuer kocht, wobei man ständig rühren muß, damit er nicht anbrennt. Nach einer Viertelstunde gibt man den Safran dazu und paßt dann während der letzten fünf Minuten Kochzeit gut auf, daß man den Übergang vom harten zum körnigen Reis nicht verpaßt. Zu diesem Zweck ist es ratsam, nur noch ganz kleine Mengen Flüssigkeit hinzuzugeben und immer wieder eine Gabel Reis zu versuchen. Dann nimmt man den Risotto vom Feuer und vermischt ihn mit der Hälfte des geriebenen Parmesans. Den Rest des Parmesans serviert man getrennt zum Essen.

Risotto alla milanese, diese einfache und aristokratische Mailänder Spezialität, wird in Oberitalien von reich und arm geschätzt, genau wie die Zwiebelsuppe in Paris und die Pizza in Neapel, mit dem Unterschied allerdings, daß diese beiden letztgenannten kräftigen und derben Speisen weder das reiche Aroma noch die leichte Bekömmlichkeit eines echten Mailänder Risottos haben. Der Risotto kann Vorspeise oder Hauptgericht sein, und er gibt einer Nacht, in der man gefeiert, getrunken und getanzt hat, einen würdigeren Abschluß als eine deftige Suppe oder heiße Würstchen mit Bier. Dazu kommt, daß man seine unverderblichen Zutaten stets vorrätig haben kann. Und schließlich ist der Reis, der in der ganzen Lombardei viel höher geschätzt wird als Teigwaren, ein einheimisches Naturprodukt: im Po-Gebiet wird mehr Reis

geerntet, als alle Mailänder und alle Italiener zusammen aufzuessen vermögen.
Der Risotto ist ein so vollkommenes Gericht, daß man ihn eigentlich ohne jede andere Beigabe nur mit einem guten Glas Rotwein genießen sollte. Es gibt bei dieser Regel allerdings eine große Ausnahme: *Ossobuco*, geschmorte Kalbshaxe, paßt vorzüglich zum Risotto, und die beiden Gerichte werden in Mailand auch immer zusammen serviert. Es gibt allerdings auch Kritiker, die finden, es sei typisch für die Mailänder, daß sie den ersten und den zweiten Gang einer Mahlzeit vom gleichen Teller essen, um rascher wieder bei der Arbeit zu sein.

Ossobuco alla milanese
Kalbshaxe nach Mailänder Art

4 Kalbshaxen, in Scheiben geschnitten
1 mittlere Zwiebel
1 Sträußchen Petersilie
1 Karotte
wenig Salbeiblätter
50 g Kochbutter
2 Eßlöffel Tomatenpüree
½–¾ l Fleischbrühe

Das Gemüse wird sehr, sehr fein geschnitten (es darf nach 2½ Stunden Kochzeit nicht mehr sichtbar sein) und in der flüssigen Butter leicht angedämpft. Dann löscht man mit einem Glas heißer Fleischbrühe, in der man das Tomatenpüree aufgelöst hat, ab, legt die Kalbshaxenscheiben ein und gibt dann weiter heiße Fleischbrühe dazu, bis die Scheiben bedeckt sind. Diese Sauce läßt man auf mittlerem Feuer zugedeckt so stark einkochen, bis sie konzentriert und sämig und zum größten Teil vom Fleisch absorbiert ist. Dabei ist es ratsam, alle fünfzehn Minuten nachzusehen, ob noch genug Flüssigkeit vorhanden ist, und eventuell heiße Fleischbrühe nachzugießen. Wenn sich das Fleisch vom Knochen löst – das ist ungefähr nach 2½ Stunden der Fall –, ist es gar. Sollte die Sauce zu dünn sein, läßt man sie ohne Deckel noch etwas einkochen. Das ist ein Gericht, das wie der Risotto nur geduldigen und aufmerksamen Köchen gelingt. Man muß sich die Zeit nehmen, das Gemüse fein zu schneiden und während der Kochzeit in der Küche zu bleiben, um immer wieder zu kontrollieren, wie weit die Sauce eingekocht ist.

Frisch gemähtes Reisfeld in der Poebene

Ich kenne in Mailand einen Verleger, dem nichts über einen Risotto mit zarten Schweineschwänzchen geht und der mit Nostalgie an den Risotto seiner Kindheit zurückdenkt, der mit gebratenen Lerchen aufgetragen wurde. Er ärgert sich über die modischen Risotto-Kreationen mancher Mailänder Restaurants und bezeichnet Champagner-Risotto oder Erdbeer-Risotto als Kleinbürger-Maskeraden. Von ihm habe ich das Rezept des Froschschenkel-Risottos, das Eugenio Montale in einem Gedicht als »Triumph der Mailänder Küche« lobt. Um zu begreifen, daß Frösche und Reis in der ländlichen Küche der Lombardei und des Piemont zur Tradition gehören, muß man einmal das Reisanbaugebiet der Poebene gesehen haben, wo es so weit das Auge reicht nichts gibt als Reisfelder, verstreute Baumreihen und zahllose kleine und große Wasserkanäle, in denen die Frösche quaken, die Mükken brüten und Fischer mit langen Ruten Frösche fischen.

Risotto con le rane
Risotto mit Froschschenkeln

500 g ausgenommene und enthäutete Frösche
350 g Reis
1 Zwiebel
1 Sträußchen Petersilie
1 Knoblauchzehe
trockener Weißwein
wenig Fleischbrühe
Salz und Pfeffer

Man löst die Froschschenkel aus und trennt ihr Fleisch von dem feinen Knöchlein. Den Rest der Frösche kocht man in einem Liter Salzwasser so lange, bis die Flüssigkeit auf zwei Drittel reduziert ist; dann gießt man sie durch ein Sieb und hält die Brühe warm. Danach läßt man in einer Pfanne die Hälfte der Butter flüssig werden und dünstet darin die Froschschenkel und den Knoblauch, den man herausnimmt, sobald er zu bräunen beginnt. Man bestreut das Fleisch mit der feingehackten Petersilie, löscht mit wenig Fleischbrühe ab und würzt mit Salz und Pfeffer. Im Rest der Butter dünstet man die feingeschnittene Zwiebel an, fügt den Reis hinzu, dünstet weiter, löscht mit Weißwein ab und kocht dann den Risotto mit der Froschbrühe, die man unter ständigem Rühren in kleinen Mengen beigibt. Ist der Risotto al dente, schöpft man ihn und gibt dazu auf jeden Teller einen Löffel des Froschschenkelragouts.
Sehr gut schmeckt dieser Risotto auch, wenn man die Froschschenkel nur mit Butter, Petersilie und Knoblauch brät (ohne sie mit Fleischbrühe abzulöschen) und sie in den letzten Minuten der Kochzeit mit dem Reis vermischt.

In Mailand wird, wie die bisher aufgeführten Rezepte zeigen, mit Butter und nicht mit Olivenöl gekocht. Das hängt natürlich mit der lombardischen Milchwirtschaft zusammen, die fast ein Drittel der Milch Italiens produziert. Zudem werden hier jedes Jahr 24 Millionen Hektoliter Milch zu Käse verarbeitet, zu Grana, Parmesan, Gorgonzola, Robiola und Taleggio. Auch der milde weiße Mascarpone gehört dazu, den Alberto Savinio als »Kompromiß zwischen Butter und Rahm« beschreibt, als »Kapaun unter den Käsesorten: ein fetter Eunuch, der um der Wollust willen auf die Wollust verzichtet«.

Diesen Mascarpone verwandelt man in Mailand in eine Süßspeise, die unter dem Namen *Tiramisù* (zieh mich hoch) auch nördlich der Alpen fast so berühmt wie Pizza geworden ist. Die beste *Crema di Mascarpone* habe ich allerdings nicht in Mailand gegessen, sondern bei Yvonne in Zürich, die das Rezept von ihrem englischen Ex-Gatten hat, der in der Toskana ein kleines Hotel führt.

Crema di mascarpone (Tiramisù)

Mascarpone Creme

200 g Löffelbiskuits (wenn möglich, frisch vom Bäcker)
200 g Mascarpone
100 g Zucker
3 Eier
2 Eßlöffel Marsala
2 Eßlöffel Whisky
0,1–0,2 l starker gesüßter Kaffee
dunkle Schokolade, geraffelt, oder Schokoladenpulver

Man legt eine flache Schüssel mit den Löffelbiskuits aus und beträufelt sie mit dem erkalteten Kaffee. Man schlägt Eigelb und Zucker schaumig, gibt den Mascarpone dazu und mischt alles gut und rührt den Marsala und den Whisky unter die Masse. Dann zieht man die steifgeschlagenen Eiweiße sorgfältig darunter und gießt die Creme über die Löffelbiskuits, die ganz zugedeckt sein sollen. Zum Schluß wird die Creme mit dem Schokoladenpulver oder mit der geraffelten Schokolade bestreut. (Anstatt Whisky und Marsala kann man auch Cognac oder Rum verwenden.)

In Mailand gibt es so viele gute Restaurants, daß jeder Mailand-Kenner seine eigenen Lieblingslokale hat. Ein Lokal, das man nicht verpassen sollte, ist aber »Ciovassino« an der Via Ciovassino 5, nicht weit von der Scala am Anfang des Brera-Quartiers. Das Ambiente ist so schön und vertrauenerweckend wie die kurze kopfsteingepflasterte Straße, die von der Via dell'Orso zum Restaurant führt. Die Stammgäste sind darin offensichtlich in Überzahl, was einem rasch einleuchtet; denn falls noch ein Tisch frei ist, wird man so höflich und gut bedient, daß man sich vornimmt, beim nächsten Mailandbesuch wiederzukommen. Schon die Lektüre der Speisekarte ist hier ein Vergnügen: so reich ist das Angebot an phantasievollen und überraschenden Gerichten. Unter den Vorspeisen gibt es zum Beispiel längliche weiße Böhnchen – sogenannte *cannellini* –, die zusammen mit Scampi serviert werden, oder eine fabelhafte Steinpilzsuppe, die unter einer knusprigen Teighaube ihr reiches Aroma entwickelt. Ich kann mich auch an einen Schweinsbraten mit Quittenschnitzen erinnern und an ein Dessert, das aus frischer Ricotta bestand, die mit dem berühmten bitteren Honig aus Sardinien gewürzt war.
Nach einem Mittagessen bei Ciovassino ist man nicht schläfrig oder träge, sondern in der richtigen Stimmung für einen Spaziergang zum Brera-Museum, und wird es mit Fassung tragen, wenn die Säle mit den großen italienischen Meistern der Vergangenheit geschlossen sind wegen irgendwelcher neuer Verordnungen oder weil es an Aufsichtspersonal fehlt. Hat man weniger Zeit, geht man in die Via Manzoni zurück und schaut dort bei der Hausnummer 12 rasch ins Museo Poldi Pezzoli hinein. Das ist ein Museum, dessen Einzigartigkeit darin besteht, kein Museum zu sein, sondern das Privathaus des Sammlers Gian Giacomo Poldi Pezzoli, das 1871 testamentarisch der Stadt Mailand zufiel. Hier hat alles den Reiz des ausgesucht Privaten; man sieht einen französischen Sessel und entdeckt darüber eine Madonna von Botticelli, und man geht fast mit Herzklopfen durch diesen stillen Palazzo, in dem sich seit über hundert Jahren fast nichts verändert hat.

Triest
oder Maria Theresias Erbe

Daß Triest eine schöne Stadt ist, erfährt man in keinem Reiseführer. Dafür hat der Lyriker Umberto Saba in einem berühmten Gedicht von der »spröden Anmut« seiner Heimatstadt geschrieben. »Grazia scontrosa« – das umschreibt den Charakter dieser heute fast stillgelegten Hafenstadt sehr zutreffend. Hier gibt es nicht viele Sehenswürdigkeiten, wenige Kirchen und Kunstschätze, kaum ein Museum, dessen Besuch sich lohnen würde. Triest ist eine verhältnismäßig junge Stadt: abgesehen von dem kleinen mittelalterlichen Quartier, das mit einem Labyrinth von dunklen Gassen unterhalb der San-Giusto-Kathedrale liegt, ist es zwischen 1750 und 1850 als Freihafen der Donaumonarchie entstanden und hat in diesem Zeitraum seine Bevölkerung von fünf- auf hundertzwanzigtausend Einwohner erhöht. Die großzügigen Hafenanlagen, die weiten Plätze und die sich rechteckig schneidenden breiten Straßenzüge stammen großenteils aus der Zeit Maria Theresias, als sich Triest zu einer kosmopolitischen Handelsstadt entwickelte, in die Griechen, Armenier, Türken, Juden und Slowenen einwanderten.

In den strengen und stolzen Bauten des Klassizismus drückt sich das Selbstbewußtsein der Triestiner Kaufleute aus: die alte Börse ist ein mächtiger Palast mit dorischer Tempelfassade. Ganz in der Nähe der herrliche Hauptplatz, die Piazza Unità d'Italia, die unter echten Triestinern immer noch »Piazza grande« heißt und sich weit aufs Meer öffnet und an vielen Tagen im Jahr von Wind und grellem Licht erfüllt ist. Hier liegt auch das berühmte »Caffè degli Specchi«, wo sich am frühen Abend die elegante Triestiner Jugend Stelldichein gibt, während tagsüber Professoren und Rentner im mitteleuropäischen Nostalgie-Dekor die Zeitung lesen. Als ich mit Lorenzo zum ersten Mal in Triest ankam, fanden wir nicht weit vom Bahnhof ein schönes altes Hotel mit Blick auf den Hafen. Daß es mitten im Umbau war, merkten wir aber erst am andern Morgen früh, als in einer Ecke unseres Zimmers Mörtel und Backsteine mit Getöse auf den Fußboden prasselten. Sie

Triest, Blick auf den Hafen

stammten aus einem Loch in der Decke, durch welches, wie wir später erfuhren, neue Wasser- und Stromleitungen gezogen wurden. Wir ließen uns durch den Zwischenfall aber nicht abschrecken: diese verträumte und verschlafene Stadt mit ihren seltsamen Überraschungen gefiel uns.
Dazu trug auch bei, daß wir schon am ersten Abend eine Art Stammlokal entdeckt hatten, wo man an langen, sauberen Holztischen guten Wein trank und mit den anderen Gästen ins Gespräch kam. Es hieß »Al Re di Coppe« und lag an der Via Geppa in der Nähe des Bahnhofs. Zuerst hielten wir es für eine spanische Weinstube, weil Sherry und Porto in Dezigläsern serviert und der Rohschinken nach spanischer Art mit dem Messer ziemlich dick aufgeschnitten wurde. Als unsere Nachbarn aber gegen elf Uhr abends Kutteln und Gulasch bestellten, wurde uns klar, daß es sich um ein Lokal mit Triestiner Tradition handelte; denn die österreichische Vergangenheit dieser Stadt wird im kulinarischen Angebot ihrer Restaurants besonders augenfällig. In keiner anderen Stadt Italiens gibt es so viele Bierstuben und sogenannte »Buffets«, in denen Sauerkraut, Würstchen und gekochtes Fleisch verkauft werden; Gulasch und Kutteln fehlen auf keiner Speisekarte, und zu den beliebtesten Desserts gehören Apfelstrudel, Zwetschgenknödel, Guglhupf und Sachertorte.

Der Wirt des »Re di Coppe« war allerdings weder Spanier noch Triestiner: er hieß Marioq Vellic und stammte aus Istrien. Seine Schwester Carmela besorgte die Küche und wollte mir das Rezept ihrer zarten, leichten und schmackhaften Kutteln erst gar nicht verraten, weil sie fand, das sei viel zu einfach, gar kein Rezept, sondern einfach gekochte Kutteln. Sie ließ sich dann aber doch dazu bewegen, und die Kutteln alla triestina gehören seitdem zu meinen Lieblingsgerichten.

Busecca alla triestina
Kutteln nach Triestiner Art

Zutaten für sechs Personen:
1 kg Kutteln
2 Eßlöffel Olivenöl
40 g weißen Spickspeck
40 g Schinkenspeck
2–3 mittlere Zwiebeln
3–5 Knoblauchzehen
Salz und Pfeffer

Man gibt das Olivenöl und die beiden Specksorten in eine Bratpfanne und läßt sie heiß werden. Dann dünstet man die feingeschnittenen Zwiebeln goldgelb, gibt die Knoblauchzehen dazu und dann die Kutteln, die man so lange röstet, bis sie alle ihre Flüssigkeit abgegeben haben und leicht angebraten sind. Das dauert mindestens zehn Minuten und ist für das Gelingen des Gerichtes entscheidend. Dann gießt man heißes Wasser zu, bis die Kutteln davon bedeckt sind, und läßt zugedeckt auf kleinem Feuer 1½–2 Stunden kochen. Diese Kutteln schmecken auch aufgewärmt vorzüglich.

Zum unauffälligen Reiz Triests gehört auch die enge Symbiose zwischen Stadt und Umgebung. Ob man im Zug oder im Auto hier ankommt, man ist stets auffällig rasch im Zentrum, weil Triest nicht wie Städte ähnlicher Größe – es zählt heute 240 000 Einwohner – von einem anonymen und häßlichen Industriegürtel umgeben ist. Ebenso rasch gelangt man aus der Stadt in die Hochebene ihres slowenischen Hinterlandes, die zum Karstgebirge gehört: eine Einöde mit niedriger üppiger Vegetation, einer reichen Alpenflora und kleinen

Bauerndörfern, wo man in Osterien ohne Wirtshausschild den dunkeln kräftigen Vino Terrano zu Rohschinken trinkt. Wir haben auch eine der vielen Kalksteingrotten besucht, wo man gruppenweise über steile Eisentreppen und schmale Stege zwischen märchenhaften rosafarbigen und smaragdgrünen Stalagmiten und Stalaktiten durchgeschleust wird.
Die Rückfahrt unterbrachen wir in einem kleinen Gartenrestaurant über der Stadt, wo man auf einem Kiesplatz unter Platanen saß und auf den Golf von Triest blickte. Ein junges Mädchen brachte uns zum bestellten Weißwein und Mineralwasser einen Teller mit Stücken eines flachen Eierkuchens, der mit aromatischen Kräutern und Gemüsen vermischt war. Genau gesagt handelte es sich nicht um einen Eierkuchen, sondern um eine *Frittata*, wie in Italien die einfache Variante des französischen Omelettes heißt: man stellt sie ohne Milch und Mehl nur aus verrührten Eiern her, die mit gekochtem Gemüse, Teigwaren, Fisch oder Fleisch vermischt und wie ein Kuchen in der Bratpfanne gebacken werden. In Triest habe ich entdeckt, daß ein Gemüse-Omelette kalt fast besser schmeckt als warm, und seither gibt's bei mir zum Aperitif, statt Salzmandeln und Oliven, hie und da eine *Fertae cu lis ierbuzzis* (Frittata alle erbe), wie der Name dieses Gerichts im triestinischen Dialekt lautet.

Frittata alle erbe
Omelette mit Kräutern

Zutaten für vier Personen (als Vorspeise):
eine Handvoll Spinat oder Mangold
1 Lauchstange
2 mittlere Zwiebeln
frische Blätter von Basilikum und Salbei
2 Eßlöffel gehackte Petersilie
8 Eßlöffel Olivenöl
8 Eier
Salz und Pfeffer

Man schneidet den Lauch und die Zwiebel in Scheiben, kocht sie in wenig Salzwasser ein paar Minuten und läßt sie auf einem Sieb abtropfen. In einer Pfanne erhitzt man 4 Eßlöffel Olivenöl, gibt das gekochte Gemüse, den in Streifen geschnittenen Spinat und die Kräuter hinzu und läßt alles bei leichter Hitze zehn Minuten

Triest, Canale Grande mit der Kirche San Antonio Nuovo

schmoren. Nun vermischt man die Eier, Salz und Pfeffer mit dem Schneebesen und fügt das Gemüse und die Kräuter bei. In der Pfanne läßt man die restlichen 4 Eßlöffel Öl heiß werden, schüttet dann den Eierteig mit den Gemüsen hinein und bäckt ihn unter ständigem Schütteln der Pfanne, bis er goldgelb ist. Man läßt die Frittata auf einen Pfannendeckel oder eine flache Platte gleiten und wendet sie, damit sie auch auf der zweiten Seite bei leichter Hitze gebacken werden kann. Die Eimasse muß völlig erstarrt sein.
Man kann die Frittata warm oder kalt essen; als kalte Vorspeise schneidet man sie wie eine Torte in acht Stücke. Man kann anstelle der angegebenen Gemüse auch Erbsen, Karotten, Blumenkohl, grüne Bohnen, Zucchini etc. verwenden. Zum Würzen schmecken auch frische Minzeblätter.

Leider verdankt Triest seine ganz besondere Lebensqualität der Tatsache, daß es eine sterbende Stadt ist: mit dem Zusammenbruch der Donaumonarchie verlor es 1918 seine Funktion als Handelshafen eines Weltreichs; die Vereinigung mit Italien wurde mit dem wirtschaftlichen Ruin bezahlt. Triest ist eine Stadt mit ständig abnehmender Bevölkerungszahl; die jungen Leute ziehen weg; mehr als die Hälfte der

Einwohner ist im Pensionsalter. In seinem Roman über den Triestiner Literaten Bobi Bazlen, der auf deutsch unter dem Titel »Das Land vom Meer aus gesehen« erschien, schildert Daniele Del Guidice die ebenso wohlerhaltene wie überalterte Stadt mit ihrer Habsburg-Nostalgie subtil und unbarmherzig: er sitzt mit Greisen in Literatencafés und läßt sich von Frauen, die Eugenio Montale einst zu Gedichten inspirierten, Photoalben vorlegen; er beobachtet die Straßen, in denen auffällig viele alte Automodelle zirkulieren, und den Hafen, von dem er schreibt: »Ich gehe die geputzten Molen entlang, die blank sind wie Poller, überall ist Halteverbot. Man sieht, daß sie ab und zu die Algen entfernen, mit Säure; und der Umstand, daß es nicht einmal ein Schiff gibt, läßt den Wert der Instandhaltung noch wachsen. Nichts ist verrottet, nicht einmal die Gleisschwellen oder die Arme der Kräne, die geknickt sind wie Vogelflügel. Es sieht aus, als sei mit einem Schlag die Schiffahrt von der Stadt amputiert worden, und sichtbar ist nur noch die präzise, ausgefeilte Schnittstelle.«
An einem späten Nachmittag besuchte ich das Buchantiquariat, das Umberto Saba bis 1957 an der Via San Nicolò 30 besessen hatte. Ich betrat einen niedrigen Raum, von dem man in verschiedene andere kleine Räume gelangte, die alle mit alten Büchern, Musiknoten und Stichen vollgestopft waren. In einer Nische hing eine Riesenaufnahme des alten, schmächtigen und ganz schwarzgekleideten Saba. Irgendwo klapperte eine Schreibmaschine. Ich ging dem Geräusch nach und traf einen blassen alten Mann, der mir Saba zu gleichen schien. Er erklärte mir aber kurz angebunden, er habe mit der Familie Saba nichts zu tun, er habe ihr nur das Antiquariat abgekauft. Um das Thema zu wechseln, fragte ich, ob es Bücher über die Triestiner Küche gebe. Da taute er auf, sagte, das sei ein großes Thema, und erzählte mir, er selbst sei seit Jahren daran, ein Kochbuch zu schreiben. Begeistert begann er mir die Vorzüge der lokalen Küche zu preisen, die Rezepte venetischer, österreichischer, ungarischer, griechischer, hebräischer und slawischer Herkunft auf organische Weise dem – wie er sagte – eleganten Triestiner Stil anpasse. Paprika

oben: Kochen auf dem »fogolâr«, dem offenen friaulischen Herd
unten: Schinken in einem Geschäft im Friaul

oder Pfeffer seien in fast jeder Speise enthalten, Majoran und Kümmel würden sehr viel verwendet, geräucherter Speck werde dem gesalzenen vorgezogen, und die nahrhafte Grundlage jedes Menüs seien nicht Teigwaren, Reis oder Polenta, sondern kräftige Suppen, in denen stärkereiche Zutaten wie Bohnen, Linsen, getrocknete Erbsen, Reis, Mais, Gerste, Kartoffeln und Teigwaren gemischt und mit Speck, Würsten oder Schweinerippchen zu eigentlichen Mahlzeiten kombiniert würden. Zu diesen Minestroni gehöre auch Gemüse wie Karotten, Sellerieknolle, Lauch, Spinat etc. und im Winter Kohl, Sauerkraut und Sauerrüben, die dreißig Tage im Weintrester mariniert würden. Ich hörte ihm so aufmerksam zu, daß er eines seiner Lieblingsrezepte aus dem Zettelkasten holte und mir zum Abschreiben gab.

Minestra di fagioli
Triestiner Bohnensuppe

200 g getrocknete weiße oder gesprenkelte Bohnen
30 g geräucherter Speck
Sellerieblätter
1 große Kartoffel
1 Karotte
1 große Zwiebel
1–2 Knoblauchzehen
2 Salbeiblätter
1 Sträußchen Petersilie
1 Lorbeerblatt
Salz und Pfeffer

Man weicht die Bohnen mindestens 24 Stunden lang in kaltem Wasser ein, läßt sie abtropfen und gibt sie mit wenig Wasser aufs Feuer. Sobald das Wasser kocht, gießt man es ab. Nun gibt man die Bohnen zusammen mit 1¾ Liter heißem Wasser in einen Kochtopf, fügt Sellerie, Karotte, Kartoffel und das Lorbeerblatt bei und läßt auf kleinem Feuer köcheln, bis die Bohnen weich sind. Man nimmt die Kartoffel und die Karotte heraus, zerdrückt sie mit einer Gabel und gibt sie wieder zu der Bohnensuppe. Man nimmt das Lorbeerblatt heraus und würzt mit Salz und Pfeffer. In einer Bratpfanne dünstet man Speck, Petersilie, Zwiebel, Knoblauch und Salbei, alles fein gehackt, gut durch und fügt es am Ende der Suppe bei, rührt gut und läßt noch ein paar Minuten auf kleinem Feuer köcheln.

Das ist eine der schmackhaftesten Bohnensuppen, die ich kenne. Die zerdrückte Kartoffel macht sie so dickflüssig, daß man ihr keine Teigwaren beifügt wie anderswo. Man ißt im allgemeinen auch kein Brot zu dieser Suppe.

Meinen letzten Besuch in Triest machte ich vor ein paar Jahren mit einem Freund vom Tessiner Radio, der mit Fulvio Tomizza ein Interview verabredet hatte. Wir besuchten den Schriftsteller in seinem istrischen Heimatdorf, vierzig Kilometer südlich von Triest, wo er in einem einfachen Steinhaus ohne Telefon wohnt. Hinter Olivenbäumen und grünen Weiden war in der Ferne das Meer sichtbar. Wir saßen im Schatten junger Kastanien und Linden, die Tomizza selbst gepflanzt hatte, und tranken den frischen aromatischen Weißwein des vergangenen Jahres. Und obwohl der große runde Stein, auf dem die Gläser standen, aus einer alten Ölpresse stammte, war die Atmosphäre nicht idyllisch: die schöne ländliche Umgebung blieb Hintergrund in einem Gespräch, das um die konkreten Möglichkeiten kreiste, den Dialog zwischen Slowenen, Kroaten und Italienern, der in diesem Grenzland seit Jahrhunderten geführt wird, für Gegenwart und Zukunft zu verbessern.
Auf dem Rückweg hielten wir in Muggia in einem Fischrestaurant und bestellten knusprig gebackene Scampi, ein Gericht, bei dem sich die österreichische Tradition des Panierens am mediterranen Naturprodukt glänzend bewährt. Auch Backhendl, Wiener Schnitzel, panierter Blumenkohl oder panierte Zucchini sind in der Triestiner Küche sehr beliebt.

Scampi dorati
Gebackene Scampi

700 g Scampischwänze (auch tiefgefroren)
etwas Weizenmehl
2 Eier
Paniermehl
Olivenöl, Salz
1 Zitrone

Man trocknet die Scampi sorgfältig, wendet sie im Mehl und in den verrührten und gesalzenen Eiern und darauf im Paniermehl und bäckt sie in reichlich Olivenöl. Dann läßt man sie auf Küchenpapier kurz abtropfen und serviert sie so heiß wie möglich, mit Zitronenschnitzen garniert.

Dazu gab es nicht Salat, sondern ein dunkelgrünes, aromatisch-bitteres Gemüse mit knusprigen Speckwürfeln. Wir waren überrascht, als der Wirt uns sagte, es handle sich um *Radicchio* oder *Cicorino verde*, den hellgrünen, leicht bitteren Lieblingssalat von ganz Norditalien, der normalerweise in sehr feine Streifen geschnitten wird. Wer für Bitteres nichts übrig hat, kann dieses Salatgemüse auch aus Lattich zubereiten.

Cicoria con pancetta affumicata
Salatgemüse mit geräuchertem Speck

1 kg Lattich oder Radicchio
Olivenöl
Salz und Pfeffer
50 g Speckwürfel

Man brät die Speckwürfel im heißen Olivenöl glasig, gibt das gewaschene Gemüse dazu, würzt mit Salz und Pfeffer, stellt das Feuer ganz klein, deckt die Pfanne zu und dämpft das Gemüse in zehn bis fünfzehn Minuten weich.

Daß ausgelassener Speck eine Affinität zu festem, leicht bitterem Salat hat, zeigt auch die in Frankreich übliche Zubereitung des Löwenzahnsalates, der im Frühling mit ausgelassenen Speckwürfeln, wenig Essig und Salz angemacht wird. Die gleiche Sauce paßt auch zu grünem oder rotem Radicchiosalat.

Venezianische Sardinen

Es war Ende Mai in Pavia, wo ich Felix, der dort unterrichtete, besuchte: wir hatten beide Lust und Zeit, noch etwas mehr von Italien zu sehen, und Felix schlug als Reiseziel Venedig vor. Ich kannte damals Venedig nicht und wollte es eigentlich auch nicht kennenlernen. Ich behauptete, Venedig sei ein großes Museum, von dem ich schon so viele Bilder gesehen hätte, daß ich mir den Besuch sparen könne, um so mehr, als mich museale Städte nicht interessierten. Zu einem Augenschein war ich aber bereit, und schon als wir nach Mestre von der Brücke die lichtgraue Silhouette der Stadt erblickten, die sich mit ihren Palästen und Kirchen aus dem Meer erhebt, begann ich zu ahnen, daß meine Venedig-Theorie nicht stimmte. Und als ich dann von unserem Hotelzimmer aus durchs Fenster auf den stillen Kanal und die bröckelnden Fassaden alter Häuser hinausschaute und das Stimmengewirr der Fußgänger in den Gassen hörte, das von keinem Motorengeräusch übertönt wurde, da war ich schon verzaubert von Venedig. Denn es sind ja nicht Kirchen, Paläste und Kunstwerke, die diese Stadt so unvergleichlich machen, sondern die Abwesenheit der modernen Technik, die zeigt, wie schön eine Stadt ist, die für Menschen gebaut wurde – für Menschen, die zu Fuß gehen, schlendern, spazieren, sich begegnen und stehenbleiben, weil die Straßen ihnen gehören, ihr Lebensraum sind. Dazu kommt der Reiz des Wassers, das stille Gleiten der Schiffe auf den Kanälen, der sanfte Wellenschlag an altem Gemäuer und das zarte, helle Licht, das vom Meer her über der Stadt liegt.

Am ersten Abend haben wir in der »Pergola«, einer kleinen Trattoria in der Nähe des Theaters La Fenice, gegessen und gestaunt über die vielen verschiedenen *Risotti*, die auf der Speisekarte aufgeführt waren. Da gab es Risotto mit Crevetten, Scampi, Muscheln, Fischen, Hühnerleber, Hühnerfleisch, Wachteln, Pilzen, Fenchel, Erbsen, Zucchini, Artischocken und Spargel. Man gewann den Eindruck, es gebe im Meer und auf dem Lande keine Delikatesse, die sich nicht zu einem Risotto verarbeiten lasse. Diese Vorliebe für den Reis hat ihre Wurzeln in der Geschichte der Seerepublik Venedig, die durch ihren Handel mit dem Orient den Reis von den Arabern schon im Hochmittelalter übernommen hatte, lange bevor er durch die Spanier im 16. Jahrhundert in der Lombardei eingeführt wurde. Die Vielfalt der italienischen Reisgerichte ist in Venedig entwickelt worden. Felix bestellte das berühmte Reisgericht, das den Namen *Risi e bisi – bisi* von *piselli* (Erbsen) – trägt und ein dickflüssiger Risotto ist, dem zarte junge Erbsen eine hellgrüne Farbe geben. Ich entschloß mich für einen *Risotto con zucchine*, der noch heute zu meinen Lieblingsgerichten gehört, nicht zuletzt, weil er fürs Auge genau so erfreulich ist wie für den Gaumen: die grünen Zucchinischeiben, die von Anfang an mitgekocht werden, zerfallen nicht, wie man annehmen könnte, sondern bleiben ganz und dekorativ und sozusagen al dente wie der Reis.

Risotto con zucchine
Risotto mit Zucchini

500 g kleine junge Zucchini
50 g Speckwürfel (aus gesalzenem Speck)
1 Knoblauchzehe
1 kleine Zwiebel
2 Eßlöffel Butter
Salz, Pfeffer
400 g Reis
1¼ l Fleischbrühe
50 g geriebener Parmesankäse
1 Eßlöffel gehackte Petersilie

Man schneidet die gewaschenen Zucchini in Scheiben und hackt die Zwiebel und den Knoblauch fein. Dann erhitzt man einen Eßlöffel Butter, brät in ihr den Speck glasig, fügt Knoblauch und Zwiebel bei, schmort sie hellgelb und gibt dann die Zucchini dazu. Man wendet sie, bis sie goldgelb sind. Dann fügt man den Reis bei, röstet ihn gut durch und gießt nach und nach die kochende Fleischbrühe dazu, so daß der Reis immer brodelnd kocht. Nach ungefähr zwanzig Minuten, wenn der Reis al dente ist, vermischt man ihn mit der restlichen Butter, dem Parmesan und der Petersilie.

Venedig, Blick auf den Canale Grande

Viele Jahre später war ich im Dezember einmal auf einem Kongreß der Fondazione Cini auf der Insel San Giorgio, von der aus man einen Panoramablick auf Venedig hat. Das Mittagessen im ehemaligen Benediktinerkloster begann mit einem *Risotto al radicchio rosso*, der so apart und würzig schmeckte, daß ich mich beim Maître d'hôtel nach der Zubereitung erkundigte. So kam ich zu einem Gespräch mit dem Koch, der mir sein Rezept gab und mir auch den Unterschied erklärte zwischen dem roten kugeligen Radicchio di Chioggia, den man als Salat verwendet, und dem Radicchio di Treviso, dessen längliche Blätter vor allem als Gemüse zubereitet werden, weil sie ein intensiveres Aroma haben.

Risotto al radicchio rosso
Risotto mit rotem Radicchio

1 kleine Zwiebel
300 g roter Radicchio
2 Eßlöffel Olivenöl
1 Eßlöffel Butter
400 g Reis
0,15 l Milch
Fleischbrühe
0,1 l Sahne
5–6 Eßlöffel geriebener Parmesan

Man erhitzt die Butter und das Öl im Kochtopf, läßt darin die gehackte Zwiebel gelb werden und fügt den Radicchio bei, den man in feine Streifen geschnitten hat. Man dünstet das Gemüse so lange, bis es seine rote Farbe verloren hat, gibt den Reis dazu, den man unter kräftigem Rühren anröstet und dann mit der Milch ablöscht, die das kräftige bittere Aroma des Radicchio mildert. Dann gießt man nach und nach die heiße Fleischbrühe dazu, wobei man ständig rührt und immer wieder wartet, bis die Flüssigkeit ganz aufgesogen ist. Nach ungefähr zwanzig Minuten, wenn der Reis al dente ist, gibt man die Sahne und den Parmesan bei und läßt den Reis vor dem Anrichten zugedeckt 2–3 Minuten stehen, damit sich alles gut amalgamiert.

Daß Venedig eine Stadt der Fußgänger ist, merkte ich schon am ersten Abend an meinen müden und schmerzenden Füßen. Am andern Morgen kaufte ich in einem kleinen Laden

Venedig, Rialtobrücke

neben dem Hotel ein Paar flache Espadrilles und hatte von da an keine Probleme mehr. Ich spazierte mit Felix stundenlang durch die engen Gassen, die *Calli* heißen, über *Campi* und *Campielli*, die kleinen Plätze, die wie Atempausen auf den Hauptwegen durch die Stadt liegen, und über viele der über vierhundert Brücken, die die Inseln verbinden, auf denen Venedig gebaut ist. Bei unseren Streifzügen haben wir bald entdeckt, daß sich der Touristenstrom auf die Straßen und Gassen um den Markusplatz konzentriert und daß die übrigen Teile der Stadt fast ganz den Einwohnern gehören. Man sieht das Müllabfuhrschiff langsam durch einen Nebenkanal fahren und dabei ein kleines Boot kreuzen, das schwer beladen ist mit grünen Wassermelonen. Auf einmal begreift man auch, warum es in Venedig zahllose Kanäle ohne einen besonderen Namen, aber kein einziges namenloses Straßenstück gibt; jeder Hof, jeder Durchgang, jede Sackgasse und jede Andeutung eines Platzes sind genau bezeichnet. Alles, was sich vom einigenden und umgreifenden Element des Wassers abhebt, hat seine unverwechselbare Identität, ist Calle, Salizzada, Lista, Ramo, Corte, Sottoportego, Riva, Fondamenta, Campo oder Campiello. Der Reichtum der venezianischen Straßennamen sucht seinesgleichen und bedient sich mit stolzer Selbstverständlichkeit des Dialektes: es heißt Sottoportego, nicht Sottoportico, San Zulian, nicht San Giuliano. Das Venezianische spricht man schließlich seit tausend Jahren,

während die italienische Schriftsprache höchstens sechshundert Jahre alt ist.
Weil Venedig eine Stadt der Fußgänger ist, gibt es hier vermutlich auch so viele Lokale, wo man sich ausruhen und stärken kann. Wer sich im Labyrinth der Gassen verirrt hat oder einfach müde ist vom Gehen in der frischen Salzluft, muß nicht lange suchen, bis er eine kleine Bar oder einen Weinausschank findet, wo der *Tocai di Lison*, der leichte, harmonische Weißwein Venetiens, in großen Korbflaschen hinter der Theke auf die Kunden wartet. Auch die *Soppressa*, eine zarte, aromatische Salami, steht meist auf einem Brett bereit. Man kann sich mit Wein und Wurst an einen großen Holztisch setzen und wird für den gemütlichen und feinen Imbiß weniger bezahlen als für einen Hotdog, den man den Touristen an den Wurstständen in der Nähe des Markusplatzes zusammen mit einem Rosmarinzweig verkauft.
Was echt venezianische Küche bedeutet, begreift man allerdings erst nach und nach. Um ihren schlichten Reichtum voll zu genießen, muß man sich nämlich als Binnenländer bewußt machen, daß es in einer Stadt, die auf Tausenden von Pfählen im Meer erbaut ist, nur eine Hauptnahrung gibt: Fische und Meeresfrüchte. Fische und Meeresfrüchte sind seit 1500 Jahren die Nahrungsgrundlage der Venezianer, und noch heute ist Venedig die italienische Stadt mit dem größten Fischkonsum. Wer nach Venedig reist, muß Braten und Schnitzel, Koteletts und Filets, Rind, Schwein und Schaf vergessen und sich ganz auf gesunden Meeresfisch einstellen. Nur wer sich auf die Monotonie einer totalen Fischküche gefaßt macht, wird den fabelhaften Reichtum dieser Küche entdecken, die ganz auf der Qualität des frischen Naturproduktes beruht.
Wie groß die Auswahl an Fischen, Mollusken und Schalentieren in der Adria ist, kann man jeden Morgen auf dem Fischmarkt an der Rialtobrücke bewundern. Da liegen blauschwarze schnittige Seelachse neben Kisten von silbern glänzenden Sardinen, Berge von runden, ovalen, herzförmigen, glatten und stacheligen Muscheln, und ein faszinierender Anblick sind die langarmigen weißen Polypen und die bizarren Meerspinnen.
Nicht weit von der Rialtobrücke befindet sich übrigens eines der besten Fischrestaurants von Venedig: die »Trattoria alla

Madonna«. Es ist ein großes, helles Lokal von typisch italienischer Schmucklosigkeit, mit flinken, freundlichen Kellnern, die unentschlossene Gäste mit Witz und Kompetenz zu beraten wissen. Hier wird man ohne Umschweife ins Wesen der italienischen Fischküche eingeführt. Als Vorspeise ist ein *Antipasto di mare* sozusagen obligatorisch, ein köstliches Vielerlei von Schalentieren und Muscheln, das nur von Zitronenschnitzen und einer Pfeffermühle mit weißem Pfeffer begleitet wird. Wer darauf keine Lust hat, kann auf einen *Risotto di pesce* ausweichen, einen Risotto also, der mit delikaten Fischhäppchen vermischt ist. Selbstverständlich besteht auch der Hauptgang aus Fisch, aus feinstem, frischestem Fisch, der mit Olivenöl bepinselt und auf dem Holzkohlenherd gegrillt wird. Es wäre ganz sinnlos, nach einer anderen Zubereitungsart zu fragen. In der venezianischen Küche sind Fischsaucen so unbekannt wie gekochte Fische. Ein guter Fisch wird gegrillt und damit basta. Kleinere billige Fischlein wie Sardinen oder Sardellen kann man dagegen braten oder auch mit Wein und Kräutern im Ofen schmoren.

Das berühmteste venezianische Sardinenrezept ist dasjenige der *Sarde in saor*, das sind Sardinen, die zusammen mit sehr viel geschnittenen Zwiebeln mariniert und als kalte Vorspeise oder Zwischenverpflegung gegessen werden. Man kann nach ihrem Rezept auch jeden anderen gebratenen Fisch oder Fischreste in Essig einlegen und dadurch mehrere Tage haltbar machen.

Venedig, Café Florian am Markusplatz

Sarde in saor
Marinierte Sardinen nach Venezianer Art

600 g frische Sardinen
600 g Zwiebeln
Weizenmehl
Olivenöl
Weißweinessig

Man entfernt den Kopf der Sardinen, schneidet sie an der Bauchseite auf und säubert sie innen. Dann wäscht man sie und trocknet sie gut. Man wendet sie im Mehl, bäckt sie im heißen Öl, bis sie knusprig sind, läßt sie auf Küchenpapier abtropfen und bestreut sie mit Salz. Man gießt das Backöl ab, reinigt die Bratpfanne mit Küchenpapier und erhitzt dann ein halbes Glas Olivenöl darin und fügt die feingeschnittenen Zwiebeln bei, die auf kleinstem Feuer goldgelb gedünstet werden. Dann gießt man zwei Gläser Essig dazu und läßt ein paar Minuten köcheln. Nun füllt man die gebackenen Fische schichtweise in ein Steingutgefäß, indem man jede Schicht mit Zwiebeln und der heißen Brühe bedeckt. Am Ende muß die Marinade über den Fischen stehen. Man gibt einen Deckel oder eine Alufolie auf das Gefäß und stellt es mindestens für einen Tag an einen kühlen Ort (Keller oder Kühlschrank). Dann kann man die marinierten Sardinen als Vor- oder Hauptspeise servieren. Sie lassen sich ohne weiteres zwei Wochen lang aufbewahren.
PS.: Die alten venezianischen Rezepte geben an die Marinade auch noch Pinienkerne und Rosinen, die man vorher in lauwarmem Wasser einweicht.

Die für uns eher befremdliche Kombination von Fisch und Zwiebel ist in der volkstümlichen Küche Venedigs sehr verbreitet. Das hängt wahrscheinlich mit der infektionshemmenden Heilkraft der Zwiebel zusammen, die in einer Hafenstadt besonders wichtig war, weil hier oft Krankheiten und Seuchen eingeschleppt wurden. So bedeutet denn »alla veneziana« einfach »mit Zwiebeln gekocht«, und das gilt auch für das berühmte *Fegato alla veneziana*, die Kalbsleber nach venezianischer Art. Venezianisch ist an ihr nur die Zwiebel; Kalbsleber dagegen ist im fischreichen Venedig ein Import, der in keinem einfachen Lokal auf der Speisekarte figuriert. Darüber machen sich die Amerikaner keine Gedanken, die in »Harry's Bar« butterweiche Leber nach Venezianer Art degu-

Venedig, »Il Redentore« auf der Giudecca

stieren, zu der die Zwiebeln in halb Öl, halb Butter gedünstet wurden. Sie halten es mit der internationalen Tradition dieser Stadt, die – wie Marco Polo sagte – bereit war, von Griechen, Sarazenen und Chinesen alles zu prüfen und das Beste zu bewahren.

Die billige und gute einheimische Küche findet man am ehesten in den Arbeiter- und Fischerkneipen der Giudecca-Insel, die man von der Riva degli Schiavoni mit der Dampferlinie Nummer 5 erreicht. Ein Familienbetrieb ist zum Beispiel die Trattoria »L'Altanella« in der Nähe der Haltestelle Sant'Eufemia. Sie liegt an einem Gäßlein, das so schmal ist, daß man mit ausgestreckten Armen auf beiden Seiten die Hausmauern berührt. Das *Fritto misto* der Signora Paola ist unübertroffen;

ihr Geheimnis: sie verzichtet darauf, die kleinen Fische, Scampi und Tintenfischringlein im Mehl zu wenden, weil sie überzeugt ist, die knusprige Kruste, die sich aus Fisch und Öl bildet, werde durch das Mehl beeinträchtigt. Eine andere Spezialität des Hauses sind die *Spaghetti alle acciughe*, die mit einer kräftigen Sauce aus eingesalzenen Sardellen und viel Zwiebeln aufgetragen werden.
Und schließlich habe ich hier auch ein Sardinengericht gegessen, das aus der großen Küche der Seefahrerrepublik Venedig stammt. Es besteht aus frischen Sardinen, die mit Orangensaft, Oliven und Pinienkernen im Ofen geschmort werden.

Marktboot am Ponte dei Pugni

Sarde all'arancia
Sardinen mit Orangensaft

1 kg frische Sardinen
Salz
Olivenöl
3 saftige Orangen
100 g grüne Oliven
30 g Pinienkerne
1 Glas Weißwein
Pfeffer
40 g Paniermehl

Man wäscht die Sardinen, entfernt ihren Kopf, schneidet sie an der Bauchseite auf und nimmt sie aus, indem man auch die Hauptgräte vorsichtig entfernt. Dann schneidet man ihnen den Schwanz ab, trocknet sie gut ab und salzt sie. In eine feuerfeste Form gießt man zwei Eßlöffel Olivenöl und legt eine Schicht Sardinen darauf. Man schält die Orangen und schneidet sie in dünne Scheiben. Die Oliven werden entsteint und streifig geschnitten. Nun bedeckt man die Sardinen mit einer Schicht Orangenscheiben und Olivenstreifen und streut ein paar Pinienkerne dazwischen. Man gießt Olivenöl und Wein darüber und bestreut mit frischgemahlenem Pfeffer. Es folgen weitere Schichten Sardinen, die mit Orangenscheiben, Oliven und Pinienkernen bedeckt werden, bis alle Zutaten verbraucht sind. Zum Schluß bestreut man die Sardinen mit dem Paniermehl, gießt darüber reichlich Olivenöl und schiebt die Form in den vorgeheizten Backofen, wo man die Sardinen bei mittlerer Hitze in dreißig Minuten goldbraun bäckt.

Liguriens
Gemüse- und Kräuterküche

Die schönste Eisenbahnstrecke Italiens ist für mich diejenige von Genua nach La Spezia, wo ich oft Ferien verbracht habe. La Spezia ist ein Geheimtip für Sommerferien, den man ruhig verraten kann: der Charme dieser kleinen Hafenstadt ist so diskret, daß hier keine Touristeninvasion zu befürchten ist wie in den benachbarten Cinque Terre, wo man in der schönen Jahreszeit fast so viel Deutsch wie Italienisch hört. In La Spezia dagegen gibt es selbst im Juli und im August kaum Touristen, dafür Hotels mit freien Zimmern, friedliche Straßen und Trattorien mit freundlichen Kellnern und sorgfältigen Köchen. Und neben den vielen kleinen Dampfschiffen, die einen an die schönen Strände von Lerici, Fiascherino, Porto Venere und Palmaria führen, gibt es die Eisenbahn in die Cinque Terre, wo die Berghänge so steil zum Meer abfallen, daß man praktisch immer in Tunnels fährt und nur auf den Bahnhöfen einen Blick aufs Meer tun kann. Der Wechsel zwischen dem Dunkel der Tunnel und dem hellen Licht der Meeresküste gibt übrigens der ganzen Strecke bis Genua ihren Reiz. Die vor einem Jahrhundert erbaute Küstenbahn führt durch über fünfzig Tunnels und ist für Kinder und Eisenbahnbegeisterte Männer eine große Attraktion. In den Cinque Terre ist die Bahn die einzige Verbindung zwischen den fünf Dörfern, und aus den schöngewölbten altmodischen Tunneleingängen weht selbst im heißesten Sommer angenehme Kühle auf die kleinen Bahnhöfe.
Was für gewaltige Abkürzungen diese Tunnels sind, erlebt man auf dem Fußweg von einem Dorf zum andern, der bergauf und bergab durch Reben, lichte Wälder, tiefeingeschnittene Schluchten und Täler führt. Vor vielen Jahren bin ich mit Felix von Manarola über Corniglia nach Vernazza gewandert, wo wir um die Mittagszeit hungrig und durstig ankamen. In einer schattigen Seitenstraße fanden wir eine Trattoria und setzten uns an einen der drei Tische, die neben der Tür standen, wo ein angenehmer Luftzug die Mittagshitze vergessen ließ. Der Kellner – es war der Besitzer – empfahl uns die

Sardine alla casalinga (nach Hausfrauenart), welche seine Frau eben zubereitet hatte. Wir bestellten sie und bereuten es nicht. Es war ein Gratin mit Kartoffeln, Zucchini und viel Knoblauch, wie es nur Leute erfinden können, für die der Fisch eine Alltagsnahrung ist, die man mit Phantasie und Liebe zu einer sättigenden Mahlzeit verarbeitet.

Sardine alla casalinga
Sardinen nach Hausfrauenart

500 g in der Schale gekochte Kartoffeln
250 g Zucchini
250 g Tomaten
3–4 Knoblauchzehen
500 g frische Sardinen
1 Eßlöffel Paniermehl
Olivenöl
Salz und Pfeffer

Man schält die gekochten Kartoffeln (sie sollen eher zu hart als zu weich sein) und schneidet sie in Scheiben, mit denen man den Boden einer gut geölten feuerfesten Form belegt. Man bestreut sie mit Salz und Pfeffer und dem gehackten Knoblauch. Darüber kommt eine Schicht feingeschnittene Zucchinischeiben und die Tomaten, die man enthäutet und in Viertel geschnitten hat. Man würzt wieder mit Salz und Pfeffer und kommt dann zur letzten Schicht des Gratins, den Sardinen. Man schneidet ihnen den Kopf ab, nimmt sie aus, beträufelt sie mit Zitronensaft, würzt sie innen und außen mit Salz und Pfeffer und legt sie auf das Gemüse-Kartoffel-Bett. Man bestreut sie mit dem Paniermehl, gießt ausreichend Olivenöl darüber und bäckt sie im mittelwarmen Ofen eine gute halbe Stunde.

Zum Sardinengratin haben wir in Vernazza den Weißwein getrunken, der in den Weinbergen der Cinque Terre steil über dem Meer reift. Diesen trockenen, aromatischen und nicht ganz leichten Wein trinkt man nicht nur zu Fisch, sondern auch zu Fleisch und Käse; er begleitet einen den ganzen Tag und ist in seinen nach Standort und Herstellung verschiedenen Geschmacksnuancen stets ein reeller guter Wein, von dem man keine Kopfschmerzen bekommt. Dabei kostet er fast nichts. Im gemütlichen Kellerlokal des »Zio Bramante« in

Manarola konnte man damals für hundert Lire vier kleine Gläser trinken; der Wein stand in Korbflaschen auf jedem Tisch, und die Gäste zählten ihre Gläser selbst. Und wenn ich Felix etwas erstaunt anschaute, weil er sich schon wieder ein Glas eingoß, erklärte er mir, er könne doch dem Wirt keinesfalls weniger als hundert Lire geben.
Mit diesem Wirt, einem athletischen Mann mit einem grauen Bart, der aussah wie ein ehemaliger Seeräuber, kamen wir ins Gespräch, und er erzählte uns von den einsamen Dörfern an den bewaldeten Hängen des Apennins, wo kaum je ein Tourist hinkomme, geschweige denn eine Wandergruppe. Wir sind seinem Rat, dem Meer einmal den Rücken zu drehen, gefolgt und haben mitten in der harzduftenden grünen Waldeinsamkeit die Trattoria »Davidin« – das heißt »kleiner David« – entdeckt, wo man auf einer Terrasse in der Abendluft saß und einheimische Gerichte zu mäßigen Preisen genoß. Am besten hat mir das Kaninchen nach ligurischer Art geschmeckt, dem Oliven, Rosmarin und die gehackte Leber sein typisches Aroma geben. Das Rezept habe ich später von Dina bekommen, die in Chiavari aufgewachsen ist.

Coniglio alla ligure
Kaninchen nach ligurischer Art

1 junges Kaninchen
1 Glas Olivenöl
2 Knoblauchzehen
1 Zweiglein Rosmarin
2 Gläser Rotwein
1 reife Tomate
50–100 g entsteinte Oliven

Man läßt das Kaninchen in Ragoutstücke schneiden, die man in einer Bratpfanne fünf Minuten durchdämpft, bis sie alle Feuchtigkeit ausgeschieden haben. Dann erhitzt man in einem Kochtopf das Öl, brät darin die Kaninchenstücke, gibt die Rosmarinnadeln, die man mit dem Knoblauch verwiegt hat, und die feingehackte Leber des Kaninchens bei und löscht mit dem Rotwein ab. Dann würzt man mit Salz und Pfeffer, gibt den Deckel darauf und läßt das Kaninchen auf kleinstem Feuer in ca. 1½ Stunden weichschmoren. Falls die Flüssigkeit einkocht, gibt man ein wenig Fleischbrühe dazu. Nach 45 Minuten fügt man die zer-

schnittene und enthäutete Tomate und die Oliven bei. Am Schluß muß die Sauce sämig, sehr aromatisch und fast eingekocht sein.

Bei »Davidin« haben wir auch den ligurischen *Castagnaccio* zum ersten Mal gegessen: einen knusprigen Fladen aus Kastanienmehl, mit Rosmarinnadeln und Pinienkernen bestreut. Im ligurischen Bergland waren früher die Kastanien – genau wie im Tessin, im Friaul und im Veneto – einer der wichtigsten Reichtümer des Bauern: sie lieferten ihm nicht nur Brennholz und Bauholz, sondern auch Mehl für die tägliche Nahrung. Der Kastanienkuchen gehört zu dem schlichten ländlichen Backwerk, zu dem es weder Hefe noch Backpulver noch geschlagene Eiweiß braucht, weil es nicht aufgehen muß. Er ist kaum süß und paßt darum zu einem Glas Wein genausogut wie zu einem Espresso. Seine Zubereitung ist einfach und braucht wenig Zeit.

Castagnaccio
Kastanienkuchen

500 g Kastanienmehl (im Reformhaus oder in italienischen Lebensmittelgeschäften erhältlich)
3 Eßlöffel Zucker
Olivenöl
Milch
2 Eßlöffel Pinienkerne
2 Eßlöffel Sultaninen (in lauwarmem Wasser eingeweicht)
Fenchelsamen
Salz

Man siebt das Kastanienmehl, damit sich später keine Klümpchen bilden, in eine Teigschüssel, gibt eine Prise Salz und den Zucker dazu und vermischt es dann unter tüchtigem Rühren mit so viel Olivenöl, bis ein glatter, fester Teig entsteht, den man darauf durch die Zugabe von Milch nach und nach dünnflüssig macht und dann mit den Pinienkernen und den Sultaninen vermischt. Darauf pinselt man ein großes Kuchenblech reichlich mit Olivenöl aus, gibt den Teig darauf, bestreut ihn mit Fenchelsamen und beträufelt ihn mit ein paar Eßlöffeln Öl. Man bäckt den Kuchen im mittelheißen Ofen ungefähr 45 Minuten.

Man kann nicht über die ligurische Küche schreiben, ohne den *Pesto alla genovese* zu loben, der eine Art Essenz der schlichten und gleichzeitig raffinierten kulinarischen Tradition dieser Küstenprovinz darstellt. Der *Pesto* – das Wort kommt von *pestare* (zerstoßen) – ist eine Sauce aus Basilikum, Knoblauch, Pinienkernen und Käse, die in einem Mörser zerstoßen und mit Olivenöl vermischt werden. Er hat einen fabelhaft intensiven Geschmack, eine schöne dunkelgrüne Farbe und wird mit kochendheißen al dente gekochten Spaghetti oder *Trenette* – so heißt die in Genua für dieses Gericht beliebte Nudelsorte – vermischt. Nachstehend das genuesische Originalrezept:

Pesto alla genovese
Basilikum-Knoblauchsauce

1–2 Bündel frisches Basilikum
5 Knoblauchzehen
1 Handvoll Pinienkerne
½ Teelöffel Salz
1 Eßlöffel geriebener Pecorino sardo
(pikanter sardischer Schafskäse)
1 Eßlöffel geriebener Parmesan
8 Eßlöffel bestes Olivenöl

Man hackt die Knoblauchzehen mit den Pinienkernen grob und zerstößt sie in einem Marmor- oder Steingutmörser. Man zerschneidet die Basilikumblätter und zerstößt sie zusammen mit dem Salz (damit sie ihre Farbe behalten) ebenfalls im Mörser. Zum Schluß gibt man den geriebenen Käse dazu und rührt das Öl nach und nach zu, so daß eine cremige Sauce entsteht. Bevor man den Pesto mit den abgetropften Spaghetti vermischt, macht man ihn mit 2–3 Eßlöffeln Kochwasser etwas geschmeidiger und flüssiger. Manche Hausfrauen geben zur harmonischen Geschmacksabrundung auch ein Stück frische Butter in die vorgewärmte Schüssel.

Die ligurische Tradition verlangt, daß der Pesto im Mörser zerstoßen wird. Das ist sicher die beste Methode; doch weiß ich aus Erfahrung, daß der Pesto auch im Mixer gelingt, wenn man die gehackten Zutaten zusammen mit dem Öl bei Schaltstufe 1 zerkleinert. Auch bei den Zutaten sind Varianten

Portovenere
unweit La Spezia

möglich: je nachdem ob man eine milde oder eine pikante Sauce vorzieht, verwendet man nur Parmesan oder nur Pecorino sardo oder aber einen weniger pikanten Schafskäse aus der Gegend. Anstelle von Pinienkernen kann man auch Walnußkerne nehmen, die man in kochendes Wasser taucht und dann schält. Der Pesto schmeckt aber auch ohne Nüsse gut. Das wichtigste ist die Qualität des Basilikums. Darum ist es sinnlos, im Winter mit importiertem fadem Treibhaus-Basilikum Pesto zuzubereiten. Auch Pesto-Konserven, die in Gläsern verkauft werden, taugen wenig. Selbstgemachten Pesto kann man höchstens 3–4 Tage im Kühlschrank aufbewahren, wenn man darauf achtet, daß er ganz mit einer Ölschicht bedeckt ist.

Wie echte Spaghetti oder Trenette al pesto in der Genueser Familienküche zubereitet werden, davon haben die meisten Ligurien-Touristen keine Ahnung, weil sie nur in ein paar wenigen traditionsbewußten Restaurants noch auf der Speisekarte stehen. Ich habe sie vor vielen Jahren zum ersten Mal bei einer Schweizer Familie in Genua gegessen, und sie sind für mich bis heute eine Art Inbegriff der einfachen gesunden und gleichzeitig raffinierten italienischen Küche geblieben. Ihr schlichtes Geheimnis besteht darin, daß man zusammen mit den Spaghetti Kartoffelwürfel und kleingeschnittene grüne Bohnen kocht.

Spaghetti col pesto alla genovese
Spaghetti mit Basilikum-Knoblauchsauce nach Genueser Art

400 g Spaghetti
100 g zarte grüne Bohnen
2 mittlere Kartoffeln
Pesto (siehe obenstehendes Rezept)
geriebener Pecorino

Man schneidet die geschälten Kartoffeln in kleine Würfel und läßt sie fünf Minuten im Salzwasser kochen. Dann gibt man die Spaghetti und die in kleine Stücke geschnittenen Bohnen bei und läßt alles zusammen kochen, bis die Teigwaren al dente sind. Nun gießt man das Wasser ab, vermischt die Spaghetti in einer vorgewärmten Schüssel mit dem Pesto, damit der Käse schmilzt und der Pesto sein Aroma an die Spaghetti, die Kartoffeln und die Bohnen weitergibt. Man reicht dazu geriebenen Pecorino. Dieses Gericht läßt verschiedene Kombinationen zu: man kann zum Beispiel die Kartoffeln weglassen und zusammen mit den grünen Bohnen auch Zucchinistengelchen kochen.

Es gibt in Ligurien noch eine zweite feine Teigwarensauce, die wie der Pesto im Mörser zubereitet wird: die *Salsa di noci*, die Walnußsauce, die weiß und cremig ist und einen zarten, leicht bitteren Nußgeschmack hat. Sie ist die klassische Beigabe zu den *Pansoti*, den dreieckigen Ravioli dieser Region, die mit Kräutern und Ricotta gefüllt sind. Daß sie nicht so berühmt geworden ist wie der Pesto, liegt vermutlich daran, daß ihre Zubereitung viel Zeit braucht; denn die Walnüsse müssen nicht nur geknackt werden, sondern man muß ihre Kerne auch von den braunen Häutchen befreien, indem man sie kurz in kochendes Wasser taucht. Dieser sorgfältige Umgang mit den Naturprodukten gehört zu den Hauptqualitäten der ländlichen Küche Italiens. (Von der Freundin aus Chiavari habe ich übrigens auch gelernt, daß die Minestrone besser schmeckt, wenn man im Sommer die frischen Bohnenkerne schält, bevor man sie in die Suppe gibt; das heißt, daß man jeder einzelnen Bohne in mühsamer Handarbeit die Haut abzieht, damit sie die Minestrone wohlschmeckend nahrhaft und cremig machen.)

Chiavari

Salsa di noci
Walnußsauce

500 g Walnüsse
1 Knoblauchzehe
3 Eßlöffel Olivenöl
zwei Brötchen ohne Rinde
0,2 l Milch
0,1 l Sahne
Salz
Majoran

Man weicht die Brötchen in der Milch ein, drückt sie aus und gibt sie zusammen mit den Nußkernen, der geschälten Knoblauchzehe und etwas Salz in den Mörser und zerstößt alles zu einer homogenen Paste, die man darauf mit Olivenöl und Sahne zu einer dickflüssigen Sauce vermischt und mit feingehacktem frischem Majoran würzt.

Daß heute auch die einst sakrosankten Kochtraditionen in Frage gestellt werden, habe ich im Gespräch mit einem begabten jungen Koch aus Moneglia erfahren, der mir erzählte, für seine Gäste bereite er den Pesto ohne Knoblauch nur aus Basilikum, Pinienkernen und Pecorino zu. Und die Walnußsauce sei für ihn ein Blitzgericht, das er mit ungeschälten Nußkernen und Sahne im Mixer püriere.

Warum Parmesan zu fast allem paßt

Mit der Küche von Parma hat mich seit jeher eine Wahlverwandtschaft verbunden – die Vorliebe für Butter und Käse. Das einzige Gericht, das ich als Studentin kochen konnte, waren Spaghetti, die ich mit viel geriebenem Parmesan und frischer Butter vermischte, und auch später, als ich kochen gelernt hatte, bin ich dieser einfachen und harmonischen Kombination treu geblieben. Auch über Gemüse *alla parmigiana* geht mir nichts: was gibt es Besseres als Broccoli, Fenchel, Lauch, Blumenkohl und Spargel, die im Salzwasser gekocht und mit geriebenem Parmesan und zerlassener Butter angerichtet werden. Dennoch war ich überrascht, als Lorenzo bei einem gemeinsamen Abendessen zur Käsereibe griff und den Spinat mit Parmesan bestreute. Er erklärte mir, daß in Oberitalien der Parmesan zum Spinat gehöre wie zu den Spaghetti und überhaupt eine Art Universalwürze sei. Und er erzählte mir einen Traum, der die umfassende Bedeutung des Parmesans viel poetischer illustriert als alle Vergleiche: Er träumte einmal, seine Armbanduhr sei so kaputt, daß der Uhrmacher ihm erklärte, da gebe es nichts mehr zu reparieren. Darauf habe er die Uhr geöffnet, etwas Parmesan hineingestreut und sie habe wieder zu ticken angefangen.

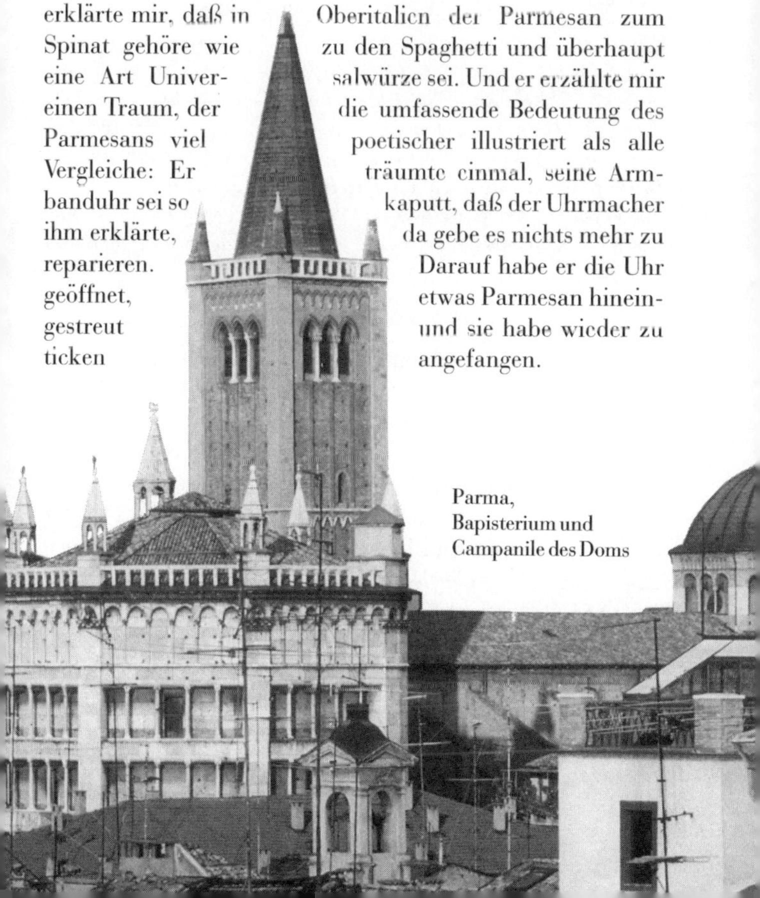

Parma,
Bapisterium und
Campanile des Doms

Geriebener Parmesan entwickelt sein ganzes Aroma erst, wenn er schmilzt, sei das nun in heißer Fleischbrühe, im fertig gekochten Risotto oder auf dem Gemüse, das mit heißer Butter begossen wird. Das passiert auch beim Überbacken, einer Methode, die ich vor allem beim Spinat gern anwende.

Spinaci alla parmigiana
Überbackener Spinat

1 kg Spinat
50 g Butter
Salz, Pfeffer
100 g geriebener Parmesankäse

Man putzt und wäscht den Spinat und gibt ihn in eine Pfanne, stellt mittlere Hitze ein und läßt den feuchten Spinat ein bis zwei Minuten weich kochen; das an den Blättern haftende Wasser genügt dazu: im Salzwasser würde der Spinat Aroma und Farbe verlieren. Dann überspült man ihn mit kaltem Wasser, preßt ihn gut aus – am besten von Hand – und wiegt ihn auf einem Holzbrett. Man dämpft ihn mit 20 g Butter, Salz und Pfeffer auf dem Feuer kurz durch und läßt ihn auf einem Teller erkalten. Zwanzig Minuten vor dem Essen reibt man eine feuerfeste Glasform mit Butter aus, legt den Spinat hinein, bestreut ihn mit Butterflocken und reichlich geriebenem Parmesan und schiebt die Form in den mittelheißen Ofen. Nach einer Viertelstunde, wenn der Käse eine goldene Kruste bildet, ist der Spinat heiß und zum Auftragen bereit.

Man kann zu diesem Spinat gegrilltes Fleisch essen; für mich ist ein Gemüse *alla parmigiana* zusammen mit Brot und Wein auch ein leichtes Abendessen.
Was den Parmesan vor allen anderen Reibkäsen auszeichnet, ist, daß er schmilzt, ohne Fäden zu ziehen wie zum Beispiel der Emmentaler oder der Greyerzer; er löst sich in Fleischbrühe, Minestrone und Risotto einfach auf, indem er ihnen eine zarte und cremige Konsistenz verleiht. Zu den Grundsätzen der italienischen Küche gehört allerdings, daß man den Parmesan nicht abgepackt kauft, sondern kurz vor dem Essen selber reibt; es hat mit Show nichts zu tun, wenn in guten Restaurants die Kellner einem Parmesan wie Trüffel direkt

auf den Risotto reiben, denn so schmeckt er tatsächlich viel besser als Reibkäse, der stunden- oder tagelang herumgestanden hat.
Parmesan ist auch ein großer Dessertkäse: man schneidet mit dem Käsemesser vom reifen strohgelben Parmesan große Flocken – italienisch heißen sie *scaglie* –, die einem auf der Zunge und am Gaumen zergehen und milde Würze verströmen.
In die Stadt, die dem Parmesan den Namen gab, kam ich zum ersten Mal auf der Durchreise nach Rom. Ich fand im Hotel »Stendhal« gegenüber dem mächtigen Palazzo della Pilotta ein Zimmer und telefonierte mit Baldassare Molossi, Schulkamerad von Luigi Malerba, Redakteur an der »Gazzetta di Parma« und Verfasser eines Buchs über die Küche von Parma. Wir verabredeten uns im Ristorante »Aurora«, wo ich die gastronomische Kultur dieser Stadt in Theorie und Praxis kennenlernte. Das begann bei der Vorspeise, die sich auf die beiden feinsten Produkte der lokalen Gastronomie beschränkte; das heißt auf den milden und geschmacksreichen Parmaschinken, der im »Aurora« ganz ohne Fettrand serviert wird, und auf das *Culatello*, eine Spezialität des Hinterlandes von Parma, die aus dem besten Teil des Schinkens besteht, nur 4–5 kg schwer ist und in einem Netz aus Schnüren eingesalzen und in der Gegend am Po zur Reifung gebracht wird, wo den ganzen Winter hindurch Nebel liegt. Diesem feuchten Klima verdankt das Culatello seine delikate und aromatische Zartheit, nach der – wie Molossi erzählte – Gabriele D'Annunzio süchtig war. Parma sollte man auf jeden Fall nicht besuchen, ohne diese Spezialität zu versuchen oder, noch besser, mit nach Hause zu nehmen. Zum Essen trinkt man in Parma – wie in der ganzen Emilia – Lambrusco, einen moussierenden trockenen Rotwein, dem die Feinschmecker dieser Provinz ihren guten Appetit verdanken; denn er macht die üppigsten Speisen leicht und bekömmlich.
Als erster Gang sind in der Emilia Teigwaren sozusagen obligatorisch; denn keine andere italienische Provinz ist reicher an feinen Spezialitäten aus Nudelteig. Das bemerkt man tagsüber auch in den Straßen der Stadt, wo man immer wieder an Geschäften vorbeikommt, in deren Schaufenstern Berge von hausgemachten Lasagne, Nudeln und Spaghetti, Tortellini,

Anolini und Ravioli aus eigelbem oder spinatgrünem Teig locken. Mein gastronomiekundiger Begleiter riet mir zu halb *Tortelli di zucca*, halb *Tortelli di erbette*, eine Art große hauchdünne Ravioli, die einen gefüllt mit einer Mischung aus Kürbisfleisch und Käse, die anderen mit Ricotta und feingehacktem Mangold. Sie werden – wie könnte es anders sein – mit geriebenem Parmesan und zerlassener Butter serviert.
Als Fleischgang wählte ich *Involtini*, eine Art Rouladen: sie bestehen aus dünnen Kalbfleischstücken, die mit geriebenem Parmesan bestreut, einer Scheibe Parmaschinken belegt, eingerollt und in einer reichen Gemüsesauce geschmort werden. Molossi hat mir ihr Rezept skizziert, und ich habe es daheim mit Erfolg ausprobiert.

Involtini all'emiliana
Rouladen nach Art der Emilia

400 g dünne Kalbfleischscheiben von der Lende
80 g geriebener Parmesan
100 g Parmaschinken

Für die Sauce:
30 g Butter
50 g gesalzener Speck
1 Karotte
wenig Sellerieblätter
1 Sträußchen Petersilie
1 Zwiebel
1 kleine Dose geschälte Tomaten
1 Eßlöffel Tomatenpüree
2–3 Salbeiblätter
1 Eßlöffel Kognak
1 Glas Weiß- oder Rotwein
0,1–0,2 l Fleischbrühe

Man bestreut die Kalbfleischstücke mit geriebenem Parmesan, belegt sie mit Parmaschinken, rollt sie ein und befestigt sie mit einem Zahnstocher. Für die Sauce wiegt man die Karotten, die Sellerieblätter, die Zwiebel und die Petersilie. Dann läßt man in einer Gußeisenpfanne die Butter flüssig werden, gibt den in Würfel geschnittenen Speck dazu und brät ihn glasig. Jetzt kommen die Rouladen an die Reihe, die nun langsam auf beiden Seiten gebraten werden, bis sie eine goldbraune Farbe haben.

Dann hebt man sie aus der Pfanne, dämpft das Gemüse an und legt die Rouladen wieder dazu. Man stellt das Feuer etwas größer und löscht zuerst mit dem Kognak und dann mit kleinen Mengen Wein ab. Man wartet, bis alle Flüssigkeit verdunstet ist und fügt dann die Tomaten, die Salbeiblätter und das in wenig heißer Fleischbrühe angerührte Tomatenpüree hinzu und gießt etwas heiße Fleischbrühe dazu. Dann deckt man die Pfanne zu und läßt auf kleinstem Feuer eine Stunde schmoren.

In Parma haben wir diese Rouladen mit Spinat gegessen; zu Hause finde ich einen luftigen Kartoffelbrei die beste Begleitung.

Am Nebentisch unterhielt sich eine ganze Tafelrunde von schick gekleideten jungen Leuten so lebhaft, daß ich unwillkürlich hinhörte und feststellte, daß über Mirella Freni in der letzten »Don-Carlos«-Aufführung an der Scala diskutiert wurde. Mein Kollege machte mich darauf aufmerksam, daß es in Parma vor allem zwei unerschöpfliche Gesprächsthemen gibt: das Essen und die Musik. Das klassizistische Teatro Regio ist nicht nur eines der schönsten Theater Oberitaliens: es ist auch berühmt wegen seines Publikums, das auf die geringste falsch gesungene Note mit Pfiffen reagiert; hier kann eine Oper noch derart durchfallen, daß es zu einem Theaterskandal kommt und verzweifelte Sopranistinnen sich weigern, ihre Rolle weiterzusingen. Und wahrscheinlich ist es kein Zufall, daß Arturo Toscanini und Ildebrando Pizzetti aus Parma stammen, daß Giuseppe Verdi in der Nähe dieser Stadt geboren wurde und gelebt hat und daß auf dem Friedhof von Parma das pompöse Grabmal Niccolò Paganinis steht.

Als wir zum Nachtisch kamen, sagte uns der Kellner, es gebe *Zuppa di due colori*, das sollten wir eigentlich nicht verpassen, und so bestellten wir uns kleine Portionen von diesem Dessert, das direkt aus dem Schlaraffenland zu kommen scheint. Es läßt sich vergleichen mit dem, was bei uns »Götterspeise« und in Italien allgemein *Zuppa inglese* heißt, nur daß es viel reichhaltiger ist. Sein Rezept hat mir später in Zürich Frau Meier-Neri gegeben, die aus Reggio Emilia stammt. Es ist wie die meisten Rezepte aus dieser Region nicht eben einfach; der Arbeits- und Zeitaufwand lohnt sich aber.

Zuppa di due colori
Götterspeise aus Parma

Zutaten für sechs Personen
Für die Creme:

8 Eigelb
1 l Milch
8 Eßlöffel Mehl
8 Eßlöffel Zucker
3 Eßlöffel Kakao
1 Vanillestange
50 g Butter
150 g Biskuitscheiben
Rum
Alchermes (roter toskanischer Kräuterlikör) oder ein anderer Likör
100 g Mandeln
100 g dunkle Schokolade
100 g kandierte Früchte
¼ l Schlagsahne

Man verrührt die Eigelbe mit dem Zucker zu einer schaumigen Creme, fügt nach und nach das Mehl und die Milch sowie die aufgeschlitzte Vanillestange hinzu und bringt die Creme bei schwacher Hitze unter ständigem Rühren bis knapp zum Kochen. Dann nimmt man sie von der Kochstelle und rührt die Butter dazu. Nun gießt man die Hälfte der Creme in eine andere Pfanne, in der man den Kakao in wenig warmer Milch aufgelöst hat, und verrührt den Kakao mit der Creme, indem man alles nochmals bis fast zum Kochen erhitzt. Dann läßt man beide Cremes erkalten; von Zeit zu Zeit müssen sie umgerührt werden. Nun gießt man in einen Teller den feuerroten, aus Kräutern destillierten Alchermes-Likör, in einen zweiten Teller den Rum und tränkt darin je die Hälfte der Biskuitscheiben.
Die Mandeln schält man, nachdem man sie rasch in kochendes Wasser gelegt hat. Dann werden sie auf einem Blech im Backofen bei schwacher Hitze getrocknet, bis sie leicht angeröstet sind. Darauf wiegt man sie mit dem Wiegemesser. Auch die Schokolade wird in Stücke gebrochen und gewiegt. Die kandierten Früchte schneidet man in kleine Würfel.
Wenn alle Vorarbeiten getan sind, belegt man den Boden einer Form zuerst mit Biskuitscheiben, die teils mit Alchermes, teils mit Rum getränkt sind, bestreut sie mit der Schokolade, den Mandeln sowie den kandierten Früchten und gießt die Vanillecreme darüber. Nun kommt eine zweite Lage von Biskuit, die wieder mit

Schokolade, Mandeln und kandierten Früchten bestreut und zum Abschluß mit der Schokoladecreme bedeckt wird. Dann läßt man die Speise im Kühlschrank über Nacht stehen und serviert sie mit Schlagrahm garniert.

Correggio, Zwei Engel
(Ausschnitt aus den Kuppelfresken im Dom von Parma)

Nach diesem ersten Besuch bin ich immer wieder gern nach Parma zurückgekehrt, um die Reise in die Toskana oder nach Rom zu unterbrechen, um Antelamis Baptisterium und die von Correggio ausgemalten Kirchenkuppeln zu bewundern oder um Parmesan und Culatello zu kaufen, weil die Italiener die feinsten Produkte ihrer Nahrungsmittelindustrie nicht exportieren. Parmas Stadtzentrum ist fast autofrei und wirkt mit seinen schönen Häusern, seinen erlesenen Geschäften und seinen mit Eleganz gekleideten männlichen und weiblichen Bewohnern wie ein großer Salon, der zum Flanieren einlädt. Dazu kommen die vielen prächtigen Bars, wo salziges und süßes Backwerk den kenntnisreichen Kunden zu fast jeder Stunde ofenfrisch angeboten wird. Hier herrscht unter Stammkunden und Personal ein munterer Umgangston: dem Herrn mit Embonpoint, der an der Theke melancholisch mitteilt, er halte im Augenblick Diät, wird von der Kassiererin zugerufen, da sollte er am besten in eine andere Provinz verreisen.

Landschaft bei Busseto

Die Lust am üppigen und phantasievollen Essen kommt in keinem Gericht besser zum Ausdruck als in der Makkaronipastete, die bei einem Festessen in der Emilia-Romagna noch heute als klassischer erster Gang aufgetragen wird. Nur in diesen Provinzen, deren Wirtschaft zum größten Teil auf dem Anbau und der Verwertung von Nahrungsmitteln beruht, konnte man auf die Idee kommen, Teigwaren mit einer reichen Sauce aus Fleisch, Schinken, Kalbsbries, Pilzen und Käse zur Füllung einer knusprigen Teigpastete zu verwenden. Der schon genannte Kochbuchklassiker Pellegrino Artusi beginnt das Rezept des *Pasticcio di maccheroni* mit der Anekdote eines Mannes, der fähig war, eine Makkaronipastete für zwölf Personen zu verschlingen, und kommentiert nostalgisch: »Diese großen Fresser und Parasiten sind heutzutage nicht mehr so häufig wie einst. Meiner Meinung nach hat das zwei Gründe: zum ersten ist die Konstitution des menschlichen Körpers schwächer geworden und zum zweiten sind gewisse geistige Genüsse, die einen Teil der Kultur darstellen, anstelle der sinnlichen Genüsse getreten.«
Ich habe im Restaurant »La Filoma« zum ersten Mal ein Stück Teigwarenpastete gegessen: sie war mit Nudeln in einer Tomaten-Fleischsauce gefüllt und enthielt auch schmelzen-

den Mozzarella. Ihr besonderer Reiz liegt nicht nur im Kontrast zwischen dem leicht süßen Pastetenteig und der aromatischen gesalzenen Füllung, sondern auch in der unterschiedlichen Konsistenz der knusprig gebackenen Pastetenhülle und der geschmeidigen gekochten Teigwaren. Daß es verschiedene lokale Traditionen der Teigwarenpastete gibt, habe ich später bei italienischen Freundinnen festgestellt: bei Rosanna, die aus Padua stammt, habe ich sie mit Makkaroni und Taubenragout gefüllt gegessen, und bei Mariella lernte ich die bolognesische Variante kennen: den *Pasticcio di tortellini*, eine Pastete, die das Spiel mit der üppigen Füllung auf die Spitze treibt, indem sie gefüllte Tortellini als Füllung anbietet.
Mariella hat mir verraten, daß ihr Pasticcio gar nicht so viel Arbeit macht, wie es scheint, weil sie die Tortellini nicht in stundenlanger Handarbeit selbst herstellt, sondern in einem italienischen Geschäft »hausgemacht« kauft und für die Pastete fertig ausgerollten Kuchenteig verwendet. Anstelle der Fleischsauce des klassischen Rezeptes bereitet sie eine Béchamelsauce zu, die nach ihrer Meinung zu den mit Fleisch gefüllten Tortellini besser paßt. Aus eigener Erfahrung kann ich sagen, daß das Resultat ihres unorthodoxen Vorgehens vorzüglich schmeckt.

Pasticcio di tortellini
Tortellini-Pastete

400 g leicht gesüßter Mürbeteig oder bereits ausgerollter Kuchenteig
600 g Tortellini, mit Fleisch gefüllt
Béchamelsauce aus 30 g Butter, 30 g Mehl, 0,3 l Milch, Salz und geriebener Muskatnuß
100 g gekochter Schinken
150 g geriebener Parmesan
150 g Mozzarella
50 g Butter
1 Eigelb

Man kocht die Tortellini in einer Fleischbrühe und läßt sie kalt werden. Man streicht eine Springform mit Butter aus und belegt Boden und Rand mit zwei Dritteln des ausgerollten Teigs. Nun füllt man eine Schicht Tortellini ein, gibt darüber ein paar Löffel

Béchamelsauce, Schinken- und Mozzarellawürfel, bestreut mit Parmesan, belegt mit Butterflöckchen und wiederholt die Schichtung, bis die Pastete gefüllt ist. Vom restlichen Teig schneidet man einen runden Deckel, den man über die Füllung legt, indem man die Teigränder fest aneinanderdrückt. Man bestreicht den Deckel mit dem Eigelb und sticht ihn mit der Gabel ein paarmal ein. Man backt die Paste im vorgeheizten Ofen bei mittlerer Hitze (200°) dreißig bis vierzig Minuten.

Das Treffendste, was man vom Parmesan sagen kann, habe ich in Alberto Savinios Mailandbuch gelesen, das unter dem Titel »Stadt, ich lausche deinem Herzen« auch auf deutsch erschienen ist: »Der Parmesan ist ein Basiskäse. Er ist in der Käsefamilie, was der Kontrabaß in der Familie der Saiteninstrumente ist. Auf den Grundton im tiefen, väterlichen Baß des Parmesans stützen sich die leichteren Mitglieder des Käsequartetts: Taleggio und Crescenza, die Bratschen und Altstimmen der Familie, die Schar der Robiola und Stracchino...« Und nach einer Abschweifung über Gruyère und Emmentaler fährt er fort: »Der Parmesan ist schwer, robust, zuverlässig. Seine Form eines Lastwagenrades unterstreicht den ihm eigenen soliden Geschmack. Er ist der Riese Morgante unter den Käsen. Der Parmesan ist kein Einzelkind. Er hat zwei Brüder: den *Reggiano* und den *Lodigiano* – drei Giganten des Käsewesens. Man bewundere die hieratische Anordnung dieser Käsedreifaltigkeit. Drei ernsthafte Brüder, die in kurzen Abständen voneinander auf derselben alten Römerstraße angesiedelt sind, in Nord-Süd-Richtung, und jeder ›stützt sich‹ auf eine starke Stadt, wie eine Armee auf ihren Stützpunkt: der Lodigiano auf Lodi, der Reggiano auf Reggio Emilia, der Parmigiano auf Parma.« Seit der Publikation von Savinios Buch im Jahr 1944 hat sich die norditalienische Käselandschaft allerdings verändert: im Zeichen der Industrialisierung wird heute Parmesan in einer gesetzlich begrenzten Zone der Provinzen Parma, Reggio Emilia und Modena auf der rechten Seite des Po hergestellt, während der größere Teil der Hartkäseproduktion Norditaliens die Sammelbezeichnung *Grana padano* trägt.

Florenz
oder weiße Bohnen als Kunstwerk

Meine erste Reise nach Florenz machte ich über Ostern, obwohl ich Feiertage eigentlich lieber zu Hause verbringe. Diesmal nahm ich jedoch alle Strapazen gern in Kauf, weil ein Freund mir seine Wohnung mitten in der Stadt, ein paar Schritte vom Dom, für eine Woche zur Verfügung gestellt hatte. Ich weiß noch gut, wie ich mit meiner Reisetasche auf schönen schmalen Steintreppen bis in den siebten Stock hinaufstieg und dann das riesige kahle Wohnzimmer betrat, wo im Kamin ein Feuer brannte und ein Bratspieß sich drehte. Der Freund empfing mich mit einem Essen, das ich nie vergessen werde: Es bestand nur aus gebratenem Fleisch, ungesalzenem Landbrot und reinem, gutem Chianti.

Bei diesem Essen habe ich, noch bevor ich Florenz kannte, die Kochkunst dieser Stadt begriffen, die sich ganz ohne Schnörkel aufs Wesentliche beschränkt und in ihrer strengen Einfachheit – der Vergleich ist vielleicht etwas kühn – so vollkommen ist wie ein Palazzo der Frührenaissance. Der Gegensatz zwischen der üppigen Schlemmerküche der Emilia-Romagna und der natürlichen Schlichtheit der toskanischen Küche ist selbst für eilige Touristen unübersehbar. In der Toskana triumphiert nicht die Phantasie, sondern die Qualität des Naturproduktes, das ohne Raffinement nur mit Sorgfalt zubereitet wird. Das beginnt beim ungesalzenen Landbrot, das aus ziemlich grobem Mehl hergestellt wird und eine harte Kruste und eine feste Krume hat, so daß es auch altbakken noch schmeckt. Und der Chianti, den man in florentinischen Familien trinkt, kommt fast immer direkt von einem Weinbauern, zu dem man Vertrauen hat: Er schmeckt frisch und harmonisch und macht nie Kopfschmerzen. Und schließlich gibt es in der toskanischen Küche keine Saucen, die den Geschmack verändern und die Umrisse verhüllen: auf dem Rost oder am Spieß gebratenes Fleisch wird allen anderen Zubereitungen vorgezogen. Das gilt nicht nur für die berühmte *Bistecca fiorentina*, die ungefähr siebenhundert Gramm schwer, so wie sie vom Metzger kommt, auf den Rost gelegt wird, ohne daß man sie vorher mit Öl einreibt oder salzt; wichtig ist nur, daß die Holzkohlenglut heiß, aber ohne Flammen ist und die Hitze nicht länger als 4–6 Minuten auf jede Seite der Bistecca einwirkt. Daß die Qualität des Fleisches erstklassig sein muß, versteht sich von selbst.

Auch das Olivenöl muß in der Toskana stets erstklassig sein; man kauft es, wie den Wein, wenn immer möglich nicht im Lebensmittelgeschäft, sondern beim Produzenten. Das beste Öl kommt aus der Provinz Lucca, in deren Hügeln sich Meer- und Landluft mischen, so daß die Oliven besonders wohlschmeckend gedeihen. Das Öl von Lucca ist nicht zu fett, nicht zu herb und hat eine schöne hellgelbe Farbe mit einem grünen Schimmer. Ich habe es zum ersten Mal in einer Osteria in Lucca gegessen, auf deren Speisekarte von Hand geschrieben war *Olio d'oliva di Buti*. Vom Kellner erfuhr ich, daß Buti ein kleines Dorf in den Olivenhügeln der Umgebung ist, und er schlug mir vor, etwas Fenchel *al pinzimonio* zu bestellen, um dieses Öl zu probieren. Der Pinzimonio entpuppte sich als eine Sauce von echt toskanischer Schlichtheit, die für mich alle Mousselines, Béarnaises und Béchamels der französischen Küche übertrifft: Sie besteht nur aus Olivenöl, frisch gemahlenem schwarzen Pfeffer und etwas Salz. Man tunkt in sie rohe Fenchelblätter, Stücke von Stangensellerie, Karottenstäbchen oder die Blätter der zarten, violett-grünen Artischocken, die im Winter auf Sardinien und in Ligurien wachsen. Daß man in der Toskana gern rohes Gemüse ißt, hat mit Biokost nichts zu tun, sondern gehört zur Tradition der Armut, welche die Landbevölkerung Mittel- und Süditaliens bis in die Mitte dieses Jahrhunderts veranlaßte, ihr tägliches Stück Brot mit wildwachsenden Kräutern und Früchten zu ergänzen.

Neben dem Grill ist der Spieß das wichtigste Gerät in der Florentiner Fleischküche: der mechanische Drehspieß im Kamin oder im Backofen, an dem der eingerollte Schweinebraten mit Rosmarin, der *Arista* heißt, gebraten wird oder ein Huhn, das man auf dem Markt oder beim Bauern lebendig kauft. Auch kleine Vögel hat man früher in der Toskana wie

Florenz,
Blick auf den Dom

anderswo gerne am Spieß gebraten: die Wacholderdrossel oder der Krammetsvogel gehört schon seit sechshundert Jahren zu den Lieblingsgerichten der Florentiner Bürger. Man kann das in einer kurzen Novelle von Franco Sacchetti nachlesen, die erzählt, wie eine kluge Frau die Männlichkeit ihres Gatten vor dem Angriff einer ausgehungerten Katze rettet. Da wird zu Beginn die konzentrierte Aufmerksamkeit des kochenden Mannes sehr anschaulich geschildert: »Eines Abends nun besaß er vier wunderschöne Drosseln, die er auf seine Art braten wollte, und er hatte seiner Magd aufgetragen, sie an ein Feuer zu bringen, das im Saal brannte. Dort richtete er den Bratspieß her, setzte sich auf einen Schemel und häufte Glut auf; denn er wollte, daß die Drosseln nach allen Regeln der Kunst gebraten würden, um sie nachher in heiligem Frieden mit seiner Frau zu verspeisen.«
Heute verspeisen umweltbewußte Florentiner keine Drosseln mehr; beliebt sind dagegen Spießchen, die *Uccelli scappati* heißen, was wörtlich übersetzt »weggeflogene Vögel« heißt. Sie bestehen aus Kalbfleisch, Kalbsleber, Speck und Salbeiblättern, und die Leber gibt ihnen etwas vom leicht bitteren Wildgeschmack der kleinen Vögel, die in Italien wie Schnekken, Frösche und Wildgemüse zur Volksnahrung gehörten.

Uccelli scappati
Kalbfleischspießchen

200 g dünne Kalbsschnitzel
200 g geschnittene Kalbsleber
200 g gesalzene Speckscheiben
Salbeiblätter
50 g Butter
0,1–0,2 l Fleischbrühe

Man schneidet Fleisch, Leber und Speck in ungefähr 4 cm breite Quadrate und spießt zweimal je ein Stück Fleisch, ein Stück Leber, ein Stück Speck und ein Salbeiblatt auf einen Zahnstocher, bis alles aufgebraucht ist. Dann läßt man in einer Bratpfanne die Butter zergehen, gibt ein Salbeiblatt bei und brät die Spießchen rundherum kräftig an, bis sie schön goldbraun aussehen. Dann löscht man mit wenig Fleischbrühe ab und läßt das Ganze auf kleinstem Feuer in ungefähr zwanzig Minuten gar werden, indem man bei Bedarf noch etwas Fleischbrühe zugießt.

Florenz, Ponte Vecchio

Zu den Uccelli scappati schmeckt Polenta sehr gut. In Florenz ißt man dazu wie zu allen übrigen Fleischgerichten fast immer weiße Bohnen. Das ist das Lieblingsgemüse der ganzen Region und nicht Spinat, wie man bei uns meint, wo der Ausdruck *alla fiorentina* die Beimischung von Spinat meint, was vermutlich die Erfindung eines französischen Küchenchefs war. Denn in der Toskana spielt der Spinat wie in ganz Mittel- und Süditalien fast keine Rolle, weil er ein Wintergemüse ist, das bei hohen Temperaturen hochschießt und nur noch Blüten aber keine Blätter mehr bildet. Anstelle von Spinat wird *Bieta* angebaut (grüne Melde oder Mangold), die derber schmeckt, dafür eine längere Erntezeit hat.
Die Florentiner haben nichts lieber als weiße Bohnen, und in ganz Italien gibt es keine Stadt, wo man sie wohlschmeckender zubereitet als hier. Man kocht sie nicht lieblos in Salzwasser, das man am Ende abgießt, sondern sorgt dafür, daß sie ihre Kochflüssigkeit nach und nach aufsaugen und von ihrem Eigenaroma nichts verlieren.
Die bauchigen Chiantiflaschen haben die Hausfrauen von Florenz auf die Idee einer Zubereitung gebracht, die *al fiasco* heißt und nicht nur originell ist, sondern tatsächlich die schonendste und zarteste Art, weiße Bohnen zu kochen. Man

findet die *Fagioli al fiasco* auf jeder Speisekarte in Florenz, und man braucht dazu nicht unbedingt die sanfte Glut eines Holzkohlenfeuers, sondern kann sie auch, im mäßig warmen Backofen auf diese Weise zubereiten.

Fagioli al fiasco
Weiße Bohnen in der Flasche

300 g weiße Bohnen
½ Tasse gutes Olivenöl
Salbeiblätter
2 Knoblauchzehen
Salz und Pfeffer

Man weicht die Bohnen über Nacht ein. Am nächsten Tag entfernt man von einer Chiantiflasche das umhüllende Stroh, spült die Flasche gründlich aus, füllt die eingeweichten und abgetropften Bohnen ein und gibt das Öl, drei Tassen Wasser (⅜ Liter), Salbeiblätter und Knoblauchzehen dazu. Die Flasche darf nicht mehr als ⅔ gefüllt sein und wird mit einem Korken verschlossen, von dem man ein Stück wegschneidet, damit der Dampf entweichen kann. Im Backofen läßt man die Bohnen in der Flasche bei schwacher Mittelhitze (190°) gar werden, was ungefähr 3½ Stunden dauert. Am Schluß muß die Flüssigkeit ganz von den Bohnen aufgesogen sein. Man gibt sie in eine Schüssel, salzt sie und bestreut sie mit frisch gemahlenem Pfeffer. Man kann sie warm oder kalt servieren.

Daß Bohnengerichte nördlich der Alpen nicht immer so gut schmecken wie in Italien, liegt vermutlich an der Qualität des Naturproduktes. In Italien, wo viel mehr Hülsenfrüchte gegessen werden als bei uns, findet man praktisch nur Bohnen, Erbsen, Linsen und Kichererbsen der letzten Ernte auf dem Markt. So wie man bei uns im Herbst einst die Kartoffeln für den ganzen Winter einkaufte, so besorgt man sich in der Toskana den Jahresvorrat an Bohnen, sobald die frische Ernte gepflückt ist. Bei uns kommt dagegen oft auch ältere Ware in

oben: Florenz, Santa Croce
unten: Café »Rivoire« an der Piazza della Signoria mit Sicht auf den Palazzo Vecchio und die Loggia dei Lanzi

den Verkauf und, was noch schlimmer ist, Bohnen aus verschiedenen Jahrgängen, die nicht in der gleichen Zeit weich werden. Auch wissen wir gar nicht mehr, daß die frischen Bohnenkerne eine ganz besondere Delikatesse sind, während in der Toskana und auch im übrigen Italien die *Fagioli freschi* im August und September auf allen Speisekarten in besonderer Vielfalt angeboten werden.
Klassisch ist sozusagen auf der ganzen Welt die Kombination von Hülsenfrüchten mit Schweinefleisch, Speck oder Schweinswürstchen. Der Eintopf mit Schwarte und Gemüsen, der in Florenz *Fagioli al forno* heißt, hat mich in einer einfachen *Buca* – so heißen die charakteristischen Kellerlokale in Florenz – so beeindruckt, daß ich den Kellner nach dem Rezept fragte.

Fagioli al forno
Weiße Bohnen im Ofen

400 g getrocknete weiße Bohnen
300 g Schweineschwarte
2 Knoblauchzehen
1 Stange Lauch
1 Dose geschälte Tomaten
Salz und Pfeffer

Man weicht die Bohnen über Nacht ein und gibt sie am nächsten Tag gut abgetropft in einen feuerfesten Steinguttopf. Dann schneidet man die gewaschene Schwarte in Streifen, zerdrückt die Knoblauchzehen, schneidet den Lauch in dünne Streifen und gibt alles zusammen mit den Pelati zu den Bohnen, würzt mit Salz und Pfeffer und fügt so viel Wasser bei, daß es zweifingerhoch über den Bohnen steht. Nun deckt man den Topf zu und läßt die Bohnen bei mittlerer Hitze in 2½ Stunden weich werden. Man bringt dieses Gericht, ohne umzurühren, im Topf auf den Tisch. Die Flüssigkeit muß bis auf einen kleinen Rest von den Bohnen aufgesogen sein.

Es gibt noch ein drittes berühmtes toskanisches Bohnenrezept, das den Namen *Fagioli all'uccelletto* trägt, vermutlich, weil die Bohnen wie die kleinen Vögel am Spieß mit Salbeiblättern gewürzt werden. Es braucht weniger Zeit als die beiden andern Zubereitungen, weil die Bohnen nicht im Ofen weich geschmort, sondern im Salzwasser gekocht werden. Man kann dazu auch Bohnen aus der Dose verwenden, die nicht in einer Tomatensauce, sondern in Salzwasser konserviert sind. So werden die weißen Bohnen zu einem feinen Schnellgericht, das in einer halben Stunde fertig ist.

Fagioli all'uccelletto
Weiße Bohnen mit Salbei

400 g getrocknete weiße Bohnen oder
2 mittlere Dosen in Salzwasser konservierte weiße Bohnen
Salz und Pfeffer
6 Eßlöffel Olivenöl
2 Knoblauchzehen
frische oder getrocknete Salbeiblätter
2 mittlere Dosen geschälte Tomaten

Man weicht die Bohnen über Nacht in Wasser ein und kocht sie am nächsten Tag in leicht gesalzenem Wasser weich, oder man öffnet die Dosen und gießt die Flüssigkeit ab. Man erhitzt das Öl und dünstet darin die Knoblauchzehe und die Salbeiblätter leicht an. Dann gibt man die Tomaten und die abgetropften Bohnen bei, würzt mit Salz und Pfeffer und läßt bei kleiner Hitze ungefähr zwanzig Minuten durchkochen.

Florenz, Droschke vor einer Seitenwand des Baptisteriums

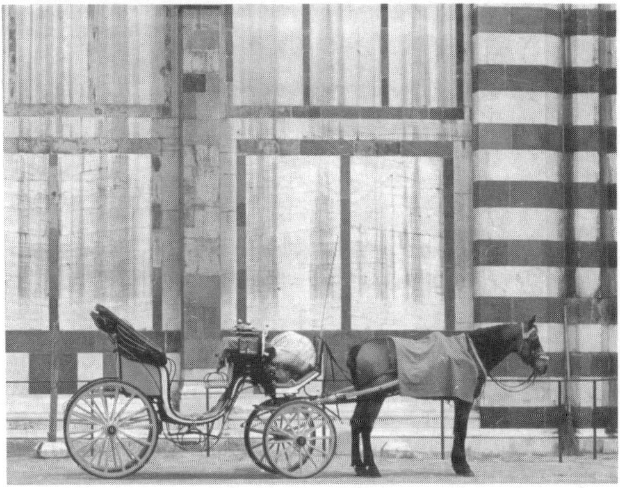

Die Toskaner sind aber nicht nur *Mangiafagioli*, Bohnenfresser, wie man sie im Unterschied zu den *Polentoni*, den norditalienischen Polentafressern nennt; sie pflanzen und essen auch eine große Vielfalt von Gemüsen: Artischocken, Broccoli, Fenchel, Auberginen, grüne Bohnen, Peperoni und Stangensellerie. Und die unvergleichlichen zarten süßen Erbsen, die *Pisellini toscani*, die nichts zu tun haben mit den harten grünen Kugeln, die uns die Tiefkühlindustrie vorsetzt. Daß dieses wunderbare Gemüse bei uns vom Frischmarkt praktisch verschwunden ist, während es in Italien im Frühling auf jedem Quartiermarkt, jedem Gemüseladen angeboten wird, ist ein Gradmesser für das Süd-Nord-Gefälle der kulinarischen Kultur. Frische Erbsen sind kein zeitaufwendiges Gemüse: sie sind schnell weichgeschmort, und italienische Hausfrauen, die keine Zeit zum Putzen haben, können bei ihrem Gemüsehändler ein Pfund ausgehülste Erbsen bestellen.
Es gibt zwei Möglichkeiten, die frischen Erbsen zu kochen. Am einfachsten ist es, sie in kaltgepreßtem Olivenöl mit gehackter Schalotte oder milder weißer Zwiebel zu dünsten, mit Salz und einer Prise Zucker zu würzen und anzurichten, sobald sie gar sind. Die zweite Methode heißt:

Piselli alla fiorentina
Erbsen nach Florentiner Art

1½ kg Erbsen in der Schote
0,1 l Olivenöl
50 g Pancetta (gesalzener Speck)
1 Knoblauchzehe
1 Eßlöffel gehackte Petersilie
1 Teelöffel Zucker, Salz

Man hülst die Erbsen aus und wäscht sie gut. Man gibt den gewiegten Knoblauch, die gehackte Pancetta und das Öl in einen Topf und läßt auf kleinem Feuer dünsten, bis der Knoblauch gelblich ist, und fügt dann die Erbsen und die Petersilie bei. Man salzt und dünstet weiter. Sind die Erbsen klein und zart, sind sie in wenigen Minuten gar; handelt es sich um reifere Erbsen, kocht man sie weich, indem man ein wenig Fleischbrühe zugießt. In beiden Fällen bestreut man sie mit dem Zucker, bevor man sie vom Feuer nimmt.

Das gute Brot der Toskana

Hundertachtzig Kilometer Toskana erlebt man auf der Autoreise vom Norden nach Rom oder umgekehrt. Nach den vielen Tunnels der Apenninstrecke kommt man in der Ebene bald zu jenem Punkt der Umfahrung von Florenz, wo die Hecke zwischen den beiden Fahrbahnen der *Autostrada del sole* unterbrochen ist und für Momente den Blick auf Brunelleschis herrliche Domkuppel freigibt. Im Süden der Stadt beginnt dann die reichgegliederte fruchtbare Hügellandschaft, die sogar den ungeduldig nach Rom strebenden Goethe in der »Italienischen Reise« zu der Bemerkung veranlaßte: »Es ist hier alles zugleich tüchtig und reinlich, Gebrauch und Nutzen mit Anmut sind beabsichtigt, überall läßt sich eine belebende Sorgfalt erkennen.« Eindrucksvoll die Palette an Grüntönen von den silbergrünen Oliven über die verschiedenen Nuancen der Rebberge, Obst- und Gemüsegärten bis zum nachtschwarzen Grün der pathetischen Zypressen.
Die Versuchung, anzuhalten und auszusteigen ist jederzeit groß. So war es auch bei meinem ersten Besuch in Arezzo. Eva fand, wir hätten eigentlich Zeit für einen kurzen Besuch von Piero della Francescas Fresken. Die Autobahnausfahrt führte in nebliges Gelände, obwohl die Toskana im Winter als nebelfrei gilt. Doch die grau verschleierte Landschaft hatte ihren besonderen Reiz, und der Nebel paßte auch zu dem malerischen Gewirr mittelalterlicher Gassen, in denen hie und da barocke Palazzi auffallen. Dann standen wir vor der kahlen unvollendeten Fassade der Kirche San Francesco, deren Hauptkapelle Piero della Francesca von 1453 bis 1464 mit den Fresken der Legende des heiligen Kreuzes ausgemalt hat. Die Kirche war geschlossen, was nachmittags um halb fünf eigentlich gar nicht möglich ist. Wir erkundigten uns beim Kiosk an der Straßenecke: die freundliche Frau hatte keine Ahnung, wo der Custode, der Sagrestano, der Parroco sein könnten. Sie riet, den Dom oder die Pieve di Santa Maria anzuschauen. Das seien auch schöne Kirchen. Wir befolgten ihren Rat und wärmten uns nachher bei einem Cappuccino in einer Bar an der schiefen und abschüssigen »Piazza grande«.

oben: Arezzo, Piazza Grande
links: Piero, »Der Traum Konstantins« (Ausschnitt)

Um zwanzig nach fünf standen wir wieder vor San Francesco: die Tür war nach wie vor verschlossen. Wir kapitulierten aber nicht vor soviel italienischer Unzuverlässigkeit. Wir suchten ein Hotelzimmer und führten mit dem Concierge ein Gespräch über die lokale Gastronomie, das uns am Ende bewog, noch ein drittes Mal zur San Francesco-Kirche zu pilgern, um in der traditionsreichen »Buca di San Francesco« wenigstens gut zu essen. Es lohnte sich schon wegen der *Pappardelle sulla lepre* (Nudeln mit Hasenragout), die eine Spezialität Arezzos und zugleich das einzige bekannte toskanische Teigwarengericht sind. Ein reichhaltiges Gericht, das den ersten Teigwaren- oder Suppengang mit dem Fleischgang vereinigt und eine ganze Mahlzeit darstellt. Da die Toskaner leidenschaftliche Jäger sind, ziehen sie Wild allem anderen Fleisch vor und essen ihre Lieblingsnudeln nicht nur mit Hasenfleisch, sondern auch mit Wildschwein- oder Wildentenragout. Seit den sechziger und siebziger Jahren hat sich die Jagd in Italien allerdings zu einem derart verantwortungslosen Massenvergnügen entwickelt, daß es heute in der Toskana weder Wildschweine noch Fasane gäbe, würden sie nicht gezüchtet und kurz vor Jagdbeginn ausgesetzt. Seit Jahren diskutiert man über strengere Jagdgesetze: ohne jedes Ergebnis. Nachstehend ein Rezept mit Kaninchenfleisch, das man das ganze Jahr hindurch kochen kann.

Pappardelle col coniglio
Nudeln mit Kaninchenragout

1 Pfund Nudeln
1 Kaninchen
1 Flasche Chianti
1 Zwiebel
1 Stück Stangensellerie
Pfefferkörner
Thymian
1 Lorbeerblatt
100 g Butter
1 Prise Muskatnuß
Salz, Pfeffer
1 Eßlöffel Mehl
0,2 l Sahne

Man läßt das Kaninchen in Ragoutstücke schneiden, die man über Nacht in eine Schüssel legt, mit dem Wein übergießt und die geschnittene Zwiebel, den Stangensellerie und die Gewürze beigibt. Am nächsten Tag gießt man die Flüssigkeit vom Fleisch und bewahrt die Marinade samt Zwiebel und Sellerie auf. Man tupft das Fleisch mit Küchenpapier trocken und brät es in 30 g Butter schön goldbraun. Man würzt mit Salz und Pfeffer und gießt nach und nach die Marinade samt Gemüse dazu und läßt im gut zugedeckten Brattopf in ungefähr zwei Stunden weichschmoren. Nun gibt man das Ragout in ein Sieb und bewahrt den Bratensaft auf. In der Bratpfanne zerläßt man 30 g Butter, röstet darin das Mehl, löscht mit dem durchgesiebten Bratensaft ab, gibt die Sahne dazu und läßt eine Viertelstunde auf kleinem Feuer köcheln. Man schmeckt mit Salz und Pfeffer und Muskatnuß ab. Unterdessen löst man das weiche Fleisch von den Knochen und gibt es wieder in die Sauce. Man kocht die Nudeln al dente, gießt das Wasser ab und vermischt sie in einer heißen Schüssel mit 30 g Butterflocken und etwas Kaninchensauce. Man bringt die Nudeln und das Ragout getrennt auf den Tisch und gibt auf jeden Teller zuerst die Nudeln und darauf einen Löffel Kaninchenfleisch und Sauce.

Das Rezept dieser Nudeln stammt von Beatrice, die sich dazu auch eine sinnvolle Vorspeise ausgedacht hat: sie schneidet die Kaninchenleber in feine Scheiben, die sie in Butter rasch anbrät und zusammen mit Nußsalat serviert.

Beatrice verdanke ich auch Ferientage, die ich in ihrer Wohnung in Castagneto-Carducci erlebte, einer kleinen Stadt zwischen den Hügeln der Toskana und der Küste des Tyrrhenischen Meers. Es war ein heißer August und der Ort von Touristen überfüllt, der Strand übervölkert, der Pinienwald von Abfällen übersät. Doch in der Nacht war es schön, wenn vom Meer her ein Luftzug den Zuschauern im großen Freilichtkino in der Pineta Kühlung zufächelte und der starke Glanz des Vollmonds den Kinomond verblassen ließ. Tagsüber machte ich mit Lorenzo Ausflüge ins Landesinnere, eine wilde unberührte Landschaft mit Macchia, Eichen- und Kastanienwäldern, verlotternden Gehöften und einsamen Dörfern. Bei diesen Ausflügen lernten wir die ländliche Küche der Toskana kennen, die sich von der Florentiner Küche stark unterscheidet. In den Dörfern ißt man keine Bistecche und keinen Braten. Das teure Rindfleisch verkauft man den Städtern; dafür versteht man sich aufs Zubereiten von Hühnern, Kaninchen, Hasen, Wildschweinen, Vögeln und Schnecken. Teigwaren spielen fast keine Rolle; dafür kocht man ausgezeichnete *Minestroni*, die im Sommer kalt gegessen werden, und vorzügliche Bohnensuppen. Eine Entdeckung war die *Ribollita*, eine Bohnensuppe, die wie die französische Zwiebelsuppe über Brotscheiben angerichtet, mit geriebenem Parmesan bestreut und im Ofen überbacken wird.

Arezzo, »Giostra del Saracino« auf der Piazza Grande

In der Ernährung nimmt das Brot die Stelle der Teigwaren ein: das ungesalzene Landbrot, das so gut schmeckt, daß die Toskaner es ohne weitere Beilage zu einem Glas Wein verzehren; sie bestreuen es dabei gern mit ein wenig Salz. Die Hausfrauen verwenden auch in der Küche viel Brot, und eine der feinsten Brotspeisen haben wir in einer Rosticceria in Volterra gegessen, wo Lorenzo ein gebratenes Hühnchen bestellte und der Wirt uns riet, etwas *Panzanella* als Vorspeise zu versuchen. Er brachte eine braune Tonschale mit einem kühlen weißen Mus, das mit Tomaten- und Gurkenstückchen und gehackten Basilikumblättern vermischt war.

Panzanella
Brotsalat

6 Scheiben gutes Bauernbrot
2 Tomaten
1 große Zwiebel
½ Gurke
Basilikumblätter
2 Eßlöffel Essig
4 Eßlöffel Olivenöl
Salz und Pfeffer

Man schneidet vom Brot die Rinde weg und legt es in kaltes Wasser ein, bis es so weich ist, daß man es mit einer Gabel zerdrücken kann. Dann hackt man die Zwiebel fein, schneidet die Tomaten und die Gurke in kleine Stücke und vermischt alles mit dem Brot. Nun macht man aus Essig, Öl, Salz und Pfeffer und den gehackten Basilikumblättern eine Salatsauce an, die man unter das Brotgemisch zieht. Vor dem Essen stellt man das Ganze ungefähr eine Stunde in den Kühlschrank.

Diese Panzanella ist im Grunde nichts anderes als eine einfachere Variante des spanischen Gazpacho; sie gilt in der ländlichen Toskana als vollständige Mahlzeit, die von den Vitaminen bis zum Öl alles enthält, was der Mensch zum Leben braucht. Dazu kommt, daß ihre Zutaten im Sommer in jedem Haushalt stets vorhanden sind. Man kann sie auch mit einem Eßlöffel Kapern bereichern. Wer es gerne scharf mag,

bestreut den Salat am Schluß mit feingeriebener oder gehackter roter Pfefferschote.
Wer dieser bäuerlichen Vorspeise einmal auf den Geschmack gekommen ist, wird mit Brotresten nie mehr Probleme haben.
Eine andere feine Brotspeise habe ich von unserer jungen Nachbarin in Castagneto, die an ihrem freien Tag für sich und ihren Mann einen großen Topf voll *Pappa col pomodoro* kochte, eine wohlschmeckende Suppe aus Tomaten, Knoblauch, Basilikum, Olivenöl und altbackenem Brot, die warm oder kalt gleich gut schmeckt. Da Knoblauch in der Toskana und in weiten Teilen Italiens als wirksames Wurmmittel gilt, wurde diese Suppe früher gern den Kindern gegeben, vor allem in der Entwöhnungszeit. Daher kommt wahrscheinlich auch ihr Name *Pappa* = Kinderbrei; es gibt ja auch einen berühmten alten Schlager, dessen Refrain *»La pa-pa-pa, La pa-pa-pa, col po-mo-do-o-ro«* noch heute aus den Musikautomaten italienischer Bars erklingt.

Pappa col pomodoro
Tomatensuppe

1 kg reife Tomaten (oder 2 Dosen geschälte Tomaten)
350 g altbackenes Bauernbrot
0,2 l Olivenöl
1½ l Fleischbrühe
6 Knoblauchzehen
reichlich Basilikumblätter
Salz und Pfeffer

Man schneidet die Tomaten in Viertel, kocht sie auf mäßigem Feuer weich und passiert sie dann durch ein Sieb oder durchs Passevite. Das altbackene Brot schneidet man in Scheiben, die man im Backofen gut röstet. Dann erhitzt man die Fleischbrühe, die eher fad als kräftig sein soll, fügt die durchpassierten Tomaten, die Brotscheiben, das Öl, den gehackten Knoblauch und die grobgeschnittenen Basilikumblätter, Salz und Pfeffer bei und läßt alles auf kleinem Feuer kochen, bis die Flüssigkeit fast verdampft und die Suppe ein dickliches Mus ist. Man begießt sie im Suppenteller mit ein wenig Olivenöl von bester Qualität. Die Pappa col pomodoro schmeckt auch aufgewärmt gut.

Landschaft bei Fiesole

Aber auch frisches Brot findet in der toskanischen Küche ausgiebig Verwendung. Eine der einfachsten und besten Vorspeisen ist die *Bruschetta*, so nennt man in der Toskana und in den Abruzzen geröstete Brotscheiben, die mit Knoblauch bestrichen, mit Olivenöl beträufelt und mit Salz und Pfeffer bestreut werden. In manchen Trattorien der Toskana und Süditaliens bekommt man vor dem Essen unaufgefordert eine ofenwarme Bruschetta zum Wein serviert. Wenn das Öl und das Brot von guter Qualität sind, schmeckt diese Bauernspeise besser als ein Lachstoast. Eine andere Variante, die man von der Toskana bis nach Kalabrien kennt, ist das Tomatenbrot: ein Stück trockenes Brot, auf dem man eine Knoblauchzehe reibt und dann eine halbe Tomate, deren Saft das Brot aufsaugt. Dann gießt man Olivenöl darüber und schmeckt mit Salz und Pfeffer ab. Beliebt sind in der Toskana auch die *Crostini*, kleine geröstete Brotschnitten mit verschiedenem Belag. Im Herbst bekommt man sie vor allem mit pikantem Wildragout; eine Delikatesse fürs ganze Jahr sind die *Crostini di fegatini di pollo*, die Hühnerleber-Toasts, die meistens warm als Vorspeise serviert werden, aber auch kalt eine gute Begleitung zu einem Glas Chianti sind.

Crostini di fegatini
Hühnerleber-Toasts

8 Scheiben Bauernbrot
8 Hühnerlebern
1 Zwiebel
2 Sardellen
2 Eßlöffel Butter
Salbeiblätter
½ Eßlöffel Tomatenpüree
2 Eßlöffel Kapern
½ Glas Wein
Salz, Pfeffer
1 Eßlöffel geriebener Parmesankäse
Butter für das Blech

Man hackt die Zwiebel und die Sardellen und läßt sie in der Butter leicht anrösten, gibt die Lebern und die Salbeiblätter bei und brät kurz weiter. Dann nimmt man die Lebern aus der Pfanne und hackt sie sehr fein. Man gibt das Tomatenpüree, die feingewiegten Kapern und den Wein in die Butter, läßt etwas durchziehen und vermischt dann die Leber mit der Sauce und dem Käse. Man schmeckt mit Salz und Pfeffer ab und bestreicht die halbierten Brotscheiben mit der Lebermasse. Nun legt man sie auf ein gebuttertes Blech und überbäckt sie im vorgeheizten Ofen bei starker Hitze fünf Minuten.
PS: Daß die Crostini in der Toskana ein bißchen besser und vor allem zarter schmecken als die nach obenstehendem Rezept zubereiteten, liegt nicht am genius loci, sondern hat einen ganz konkreten Grund: die toskanischen Hausfrauen und Köche strekken die Hühnerlebern mit Milz, und zwar im Verhältnis eins zu eins. Gegenüber Touristen wird dieses Geheimnis aber nicht gelüftet.

An den Strand von Donoratico gingen wir nur abends, wenn die Sonne am Untergehen war und die Bademeister den Sand für den nächsten Tag schon gesäubert hatten. In der kühleren Abendluft war das Meer so warm wie das Wasser in einer Badewanne. Auf dem Heimweg gingen wir ein paarmal bei Marzio vorbei, in dessen modernem Fischrestaurant man Salat von Meeresfrüchten, schwarzen Tintenfischrisotto, gegrillten Fisch und die berühmte Livorneser Fischsuppe, die *Cacciuco* heißt, in bester Qualität essen konnte.

Ich habe von dort eine ganz einfache Vorspeise mit nach Hause genommen, die auch in Ligurien und vermutlich an allen Mittelmeerküsten bekannt ist.

Acciughe al limone
Sardellen in Zitronensaft

Das Wichtigste sind ganz frische Sardellen, die man ausnimmt, von Kopf und Mittelgrat befreit, aufklappt und auf eine Platte nebeneinanderlegt. Man begießt sie mit reichlich Zitronensaft und läßt sie darauf 24 Stunden im Kühlschrank stehen. In dieser Zeit werden die rohen Fische, wie man in Italien sagt »im Zitronensaft gekocht« und sind dann zum Essen bereit. Man kann sie zusätzlich mit etwas Salz und gutem Olivenöl oder einem Gemisch von feingewiegtem Knoblauch und Petersilie würzen. Mir schmecken sie »pur« am besten, weil ich den meerfrischen Fisch zusammen mit dem reinen Zitronensaft subtiler finde.

Zum Abschluß einer Mahlzeit wird einem in ländlichen Gasthöfen der Toskana oft ein Gläschen *Vinsanto* angeboten; das ist ein goldgelber halbtrockener und lieblicher Dessertwein, der in der ganzen Toskana aus Trockenbeeren gekeltert und mindestens drei Jahre im Faß gelagert wird. Dazu gibt es trockene Mandelbiskuits, die je nach der Gegend *cantucci, giottini* oder *biscottini di Prato* heißen. Dieser angenehm spröde Nachtisch entspricht dem strengen und sparsamen Wesen der toskanischen Küche und im Prinzip auch der Küche Italiens, wo Süßspeisen nie besonders wichtig waren; vermutlich weil es hier das ganze Jahr hindurch frische und süße Früchte gibt, die nach einer Käseplatte die Mahlzeit abrunden. Man kann die Probe aufs Exempel in italienischen Kochbüchern machen, wo die Süßspeisen und Gebäcke, wenn es hoch kommt, ein Zehntel des Gesamtumfangs ausmachen, während ein deutsches Kochbuch diesem Thema ein Drittel aller Rezepte widmet. Zum Schluß also das Rezept der

Weinernte im Chianti

Cantucci

Toskanische Mandelbiskuits

500 g Weizenmehl
500 g Zucker
250 g Mandeln
1 Prise Backpulver
4 Eier
Salz
Butter und Mehl für das Blech

Man blanchiert die Mandeln in kochendem Wasser, schält sie, trocknet sie dann zehn Minuten im Backofen und hackt sie mit dem Messer. Aus Mehl, Zucker, Eiern, Salz und Backpulver rührt man einen Teig, dem man nach und nach die Mandeln beifügt. Man muß den Teig tüchtig kneten. Dann formt man ihn zu kleinen Rollen, die man auf das bebutterte und bemehlte Backblech legt und im mittelheißen Backofen (150°) 7–8 Minuten bäckt. Dann nimmt man sie heraus und schneidet die Rollen in schräge Scheiben von ungefähr 1 cm Dicke. Man schiebt das Blech wieder in den Ofen und läßt sie in weiteren zehn Minuten fertig backen. In einer Blechschachtel bleiben die Cantucci mehrere Monate knusprig.

Toskanische Landschaft

Umbrien
oder was Ricotta wirklich ist

Den großen Parkplatz vor der Basilika des Heiligen Franziskus in Assisi werde ich nie vergessen. Es wäre eigentlich ein weiter schöner Platz, auf drei Seiten von Säulengängen aus dem fünfzehnten Jahrhundert umgeben; doch die vielen Autos mit Kennzeichen aus aller Welt, die Parkwächter, die vielsprachigen Führer und die zahllosen Pilgergruppen lenken ab, verwirren. Und so kam ich beim Einparken mit dem Auto eines Freundes, dessen Größe mir ungewohnt war, im Nu zu einer Beule und unfreundlichen Worten von einer französischen Dame, obwohl ihr Peugeot bei meinem Mißgeschick nicht einmal einen Kratzer abbekommen hatte. Was mich ärgerte, war, daß der Schaden mit dem Auto des Freundes passiert war, der an diesem Abend im nahen Perugia an einer Kongreßveranstaltung teilnahm. So schlenderte ich mißmutig durch die mittelalterliche Stadt, die mir viel zu sauber herausgeputzt und mit zu vielen roten Geranien geschmückt vorkam. In einem Souvenirladen kaufte ich ein handgesticktes Taschentuch und erfuhr, daß die bekannten Assisi-Stickereien seit Jahrzehnten in Apulien angefertigt werden.
Gegen acht Uhr ging ich zum Essen in ein Lokal mit umbrischer Küche, das »La Stalla« heißt und mir vom Concierge empfohlen worden war. Der Kellner wies mir einen Platz an einem langen Holztisch zu, wo schon andere Gäste saßen. Die Linsensuppe mit Reis, die ich auf der Speisekarte entdeckte, war ausgegangen; so entschied ich mich für eine Bohnensuppe mit Teigwaren. Sie wurde heiß, duftend und mit frischer Petersilie bestreut, in einer braun glasierten Tonschüssel serviert, und mein Nachbar, ein Pilgerbus-Chauffeur, der Polenta mit Lammragout aß, sagte nachdenklich, im Grunde gehe doch nichts über einen Teller *Pasta e fagioli*.
Im Gespräch mit diesem Nachbarn, an dem sich auch ein Ehepaar aus Lecce beteiligte, das gegenüber saß, ist mir klar geworden, daß das italienische Nationalgericht weder Pizza noch Spaghetti sind, sondern Pasta e fagioli, die Bohnen-

Assisi,
Blick auf die Basilika von
San Francesco

suppe mit Teigwaren, die vom Veneto bis nach Kalabrien bekannt und beliebt ist; ein Gericht von franziskanischer Schlichtheit: nahrhaft, billig und ausgesprochen gesund. Das wird ja auch von der Ernährungswissenschaft bestätigt, welche die Hülsenfrüchte als Lieferanten von Vitaminen, Mineralstoffen und Eiweiß lobt und empfiehlt, sie zusammen mit kohlehydratreichen Nahrungsmitteln zu essen, weil sie in dieser Kombination vom Körper besonders gut assimiliert werden. Wenn man einen Italiener fragt, welche Hülsenfrüchte er am liebsten ißt, so kann man je nach seiner Antwort geographisch lokalisieren: Süditaliener sagen *Ceci* (Kichererbsen), Mittelitaliener *Toscanelli* (weiße Königsbohnen) und Norditaliener *Borlotti* (rotweiß gesprenkelte Bohnen).

So ist denn die Zusammensetzung der Bohnensuppe mit Teigwaren je nach Region verschieden; neben den Kichererbsen werden in Süd- und Mittelitalien auch gern Linsen und dicke Bohnen *(fave)* verwendet und an die Stelle der stärkehaltigen Teigwaren können auch Reis, Gerste oder Mais treten. In diesen nahrhaften Gerichten zeigt sich die Kochkunst der armen Leute, die vor allem den Hunger stillen muß und doch auf die Phantasie nicht verzichtet. Das Spektrum der möglichen Kombinationen wird fast unbegrenzt, wenn man erfährt, daß diese Suppen auch mit Tomaten und Wildgemüsen gut schmecken und daß man sie nicht nur mit Speck und Schinken, sondern auch mit Moules, Crevetten und Fischen kombinieren kann. Nachstehend ein klassisches Rezept, das man mit weißen Bohnen oder mit Borlottibohnen zubereiten kann. Sind die Bohnen gartenfrisch, braucht es mindestens die doppelte Menge; dafür muß man sie nicht einweichen.

Pasta e fagioli
Bohnensuppe mit Nudeln

200 g getrocknete Bohnen
2 Eßlöffel Öl
1 Zwiebel
1 Prise Zimt
Salz, Pfeffer
2–3 Suppenknochen
50 g gesalzenen Speck
200 g Nudeln oder Suppenteigwaren
50 g Parmesan
gehackte Petersilie

Die über Nacht eingeweichten Bohnen werden in frischem kaltem Wasser aufgesetzt, zusammen mit dem Öl, der gehackten Zwiebel, den Suppenknochen, dem kleingeschnittenen Speck, Salz, Pfeffer und Zimt. Vom Kochpunkt an läßt man zugedeckt 2–3 Stunden auf kleinstem Feuer köcheln, bis die Bohnen fast zerfallen. Dann bricht man die Nudeln in Stücke und läßt sie mitkochen, bis sie al dente sind. Dann bestreut man die Suppe mit der Petersilie und serviert sie mit frisch geriebenem Parmesankäse. Der Pecorinokäse, den man in Mittel- und Süditalien zu dieser Suppe bekommt, gibt ihr ein kräftiges ländliches Aroma.

Daß Orvieto eine der schönsten Städte Umbriens ist, weiß jeder Italienkenner. Zwischen Florenz und Rom taucht aus der flachgewellten Ebene plötzlich ein mächtiger Felsklotz auf, ein gewaltiger Tuffbrocken, auf dem die enggebaute Stadt mit ihrem gotischen Dom liegt, der zu den großartigsten Kirchen Italiens gehört. Zehn Kilometer südlich von Orvieto hat Luigi Malerba vor ungefähr zwanzig Jahren die Sommervilla des Bischofs gekauft, der das Geld brauchte, um eine häßliche moderne Kirche bauen zu lassen. Die Umgebung von Orvieto hat eine traurige Berühmtheit als Horrormuseum postmoderner italienischer Architekten. Da trifft man zwischen Olivenhainen und Weingärten, Steineichen und zerfallenden Klöstern scheußliche Pilzbauten mit riesigen Steildächern, die weit über den Grundriß hinausragen und auf allen Seiten durch riesige Mansardenfenster aufgebrochen sind, ein fauler Trick, um den Bauplan zu umgehen, der in dieser Zone nur einstöckige Häuser vorschreibt. Das ist das Werk der Römer, die in dieser lieblichen Gegend, die man in einer Autostunde von der Hauptstadt erreicht, ihre Wochenendvillen bauen lassen.
Malerbas ehemaliges bischöfliches Sommerhaus von Settecamini ist ein schlichter quadratischer Bau, dreihundert Jahre alt und von so stattlichen Proportionen, daß man sich in den großen Räumen beinahe aus den Augen verliert. In der Nähe gibt es einen Kastanienwald mit einem ungeöffneten Etruskergrab, und neben dem Pächterhaus spazieren Hühner, Perlhühner, Enten und Schafe. Hier habe ich zum ersten Mal italienisches Landleben kennengelernt. Das fing an mit der Entdeckung der Ricotta, einem Milchprodukt, das unserer rationalisierten Milchwirtschaft abhanden gekommen ist. Sie ist ein Bestandteil der Molke, jener wäßrigen, grünen Flüssigkeit also, die beim Käsen entsteht. Sie enthält kaum Fett, dafür wertvolles Eiweiß, und wurde früher zur Schweinemast oder zur Käsegewinnung verwendet, indem man sie erhitzte, bis eine lockere weiße Substanz ausflockte: der Molkenkäse oder eben die Ricotta, die heutzutage als Produkt der italienischen Milchindustrie in Plastikbechern exportiert wird, leider

Blick auf Orvieto

unter Zusatz von Sahne und Stabilisatoren. Sie schmeckt angenehm nach frischer Milch und ist neben dem Parmesan und dem Mozzarella das wichtigste Molkereiprodukt in der italienischen Küche. Es gibt im deutschen Sprachgebiet kein einziges Werk über die italienische Küche, das diesen Sachverhalt kennt und benennt. Ricotta wird stets mit Quark gleichgesetzt; dabei ist Quark der mehr oder weniger fette und leicht angesäuerte Frischkäse, der beim Brechen der Milch mit Lab entsteht. Man kann Ricotta wohl in einigen Rezepten durch Quark ersetzen; Geschmack, Konsistenz und Nährstoffgehalt der beiden Produkte sind aber sehr verschieden. Als ich an einem milden, sonnigen Märzmorgen in der Küche beim Espresso saß, trat Anna Malerba ein und legte ein hölzernes Tablett auf den Tisch, auf dem drei schön geflochtene Binsenkörblein standen, die mit weißen Tüchern bedeckt waren. Ich fragte sie, woher sie die schönen Körbchen habe, und sie fand, ich sollte lieber fragen, woher der köstliche Inhalt stamme. Es war frische Ricotta aus Schafsmilch, die sie eben bei der Pächtersfrau geholt hatte. Sie war noch lauwarm und hatte ein unbeschreiblich feines und frisches Aroma. Die Binsenkörbchen sind die traditionellen Gefäße, in die man die Ricotta zum Abtropfen gibt; ihr Muster überzieht die fertige Ricotta als feingestrichenes Ornament. Die frische, schneeweiße Masse kam mir vor wie der Inbegriff einer bäuerlichen Kultur, die uns verlorengegangen ist. Was nützen uns alle Delikatessen der Welt, wenn wir nicht mehr wissen, wie frischer, lauwarmer Molkenkäse im Binsenkörbchen schmeckt!

Luca Signorelli,
»Engel führen die Gerechten ins Paradies« (Ausschnitt).
Orvieto, Dom, Cappella di San Brizio

Anna hat aus der frischen Ricotta zum Mittagessen eine Art Gnocchi oder Klöße zubereitet, die man in Umbrien *Malfatti*, d. h. Schlechtgemachte, nennt, weil die Klöße, die man mit zwei Teelöffeln absticht, ziemlich unregelmäßig werden. Sie sind eine wunderbare Vorspeise, die mit frischer Butter und geriebenem Parmesan gewürzt wird: ein perfekter Dreiklang italienischer Milchprodukte.

Malfatti
Ricottaklöße

300 g Ricotta
80 g Weizenmehl
Salz, Muskatnuß
100 g geriebener Parmesankäse
2 Eier
2 Eigelbe
sowie:
50 g frische Butter
50 g geriebener Parmesankäse

Man schlägt die Eier und die Eigelbe tüchtig und vermischt sie unter kräftigem Rühren mit dem Ricotta. Dann rührt man das Mehl und den Parmesan unter und würzt mit Salz und Muskatnuß. Man läßt die Masse eine halbe Stunde ruhen und sticht dann mit zwei Teelöffeln kleine Klöße ab, die man auf ein bemehltes Brett oder einen Teller setzt. Um zu prüfen, ob die Masse die richtige Konsistenz hat, kocht man in einer kleinen Pfanne mit siedendem Wasser ein Probeklößchen. Dann bringt man in einem großen Topf Wasser ohne Salz zum Kochen und läßt die Klößchen darin in etwa drei Minuten gar werden. Man nimmt sie mit dem Schaumlöffel heraus und vermischt sie mit der in Flöckchen zerteilten Butter und dem Parmesan.

Ricotta eignet sich gleich gut für salzige wie für süße Gerichte: sie ergibt eine leichte und blitzschnell zubereitete Spaghettisauce, wenn man sie mit Salz und Pfeffer würzt und mit ein wenig Spaghetti-Kochwasser glattrührt; mit gezuckertem Kaffee vermischt und kaltgestellt, verwandelt sie sich in eine Mokkacreme, die fast keine Kalorien hat.
Das feinste Dessert aus Ricotta ist aber wohl Anna Malerbas *Torta di ricotta*, die unserem Quarkkuchen ähnlich ist. Ihre

Zubereitung ist nicht ganz einfach; es lohnt sich aber, das nachstehende Rezept Schritt für Schritt genau zu befolgen: das Ergebnis ist ein Kuchen von reinem, gutem Geschmack und halb knuspriger, halb schmelzender Konsistenz.

Torta di ricotta
Ricottatorte

Zutaten für acht Personen:
Für den Teig:
150 g Weizenmehl
50 g Kartoffelstärkemehl (oder Maizena)
100 g Zucker
100 g Butter
1 Ei
eine Prise Zimt
Für die Füllung:
150 g Zucker
30 g Mehl
2 Eier
½ l Milch
300 g Ricotta
100 g Zucker
1 Eigelb
geriebene Zitronenschale

Für den Teig gibt man die zwei Mehlsorten auf den Tisch und in die Mitte den Zucker, die Butter (in Zimmertemperatur) und den Zimt. Man knetet alles zu einer einzigen Kugel. Man buttert eine Springform gut aus, legt die Teigkugel in die Mitte und preßt sie mit den Fingern flach, bis die Kuchenform an Boden und Rand ganz mit Teig belegt ist.
Für die Füllung rührt man zuerst auf niedriger Hitze die Eier mit dem Zucker in einem Topf schaumig und rührt dann die erhitzte Milch in kleinen Portionen darunter. Unter ständigem Rühren kocht man die Flüssigkeit ca. zehn Minuten und läßt sie dann abkühlen, indem man von Zeit zu Zeit umrührt, damit sich keine Haut bildet. Die abgekühlte Flüssigkeit gibt man in eine große Schüssel, fügt die Ricotta, den Zucker und das Eigelb bei und rührt alles gut durcheinander. Diese Masse gibt man auf den Teig in der Kuchenform und bäckt die Torte bei 190–200° C im vorgewärmten Ofen ca. 45 Min. Man läßt sie auskühlen und stellt sie vor dem Essen für eine Stunde in den Kühlschrank.

Bei Anna Malerba habe ich auch gelernt, daß man mit Milch und Butter einen Kalbsbraten zubereiten kann, der fast keine Arbeit macht und sehr zart und apart schmeckt.

Arrosto di vitello al latte
Kalbsbraten mit Milch

Zutaten für sechs Personen:
1 kg Kalbsbraten (Nuß oder Lendenstück)
50 g Butter
1 l Milch

Man läßt die Butter in einem Schmortopf zergehen und brät das Fleisch bei leichter Hitze ganz langsam rundherum an. Dann fügt man die Milch nach und nach hinzu und läßt den Braten auf kleinstem Feuer in 2 Stunden weichschmoren. Man schneidet das Fleisch in Scheiben, legt es auf eine vorgewärmte Platte und stellt es warm. Die Sauce läßt man einkochen, bis sie dicklich und flockig ist, passiert sie dann durch ein Sieb oder püriert sie mit dem Stabmixer. Ein Drittel der Sauce gießt man über den tranchierten Braten, den Rest serviert man separat.
Das ist das einzige Fleischgericht, das ich kenne, das überhaupt kein Gewürz braucht. Nicht einmal Salz. Auf jeden Fall verwendet Anna Malerba kein Salz, weil sie der Ansicht ist, daß das in einem Liter Milch enthaltene Salz zum Würzen vollständig genügt. Ich bin etwas weniger kategorisch und reibe das Fleisch vor dem Anbraten sparsam mit Salz und Pfeffer ein.

Anna und Luigi Malerba kümmern sich zusammen mit der Pächterfamilie um die Landwirtschaft des Gutes: um die Reben und die Oliven, die Kartoffeln und den Weizen, das Gemüse und die Haustiere. Bei ihnen habe ich erlebt, wie im Erfahrungsaustausch mit den Bauern neue Anbaumethoden besprochen werden und wie beide den Respekt für die ländliche Tradition mit der sicheren Ablehnung alles Umweltfeindlichen zu verbinden wissen. Anna, die an der Universität Rom Literatur studiert hat und in der zeitgenössischen italienischen Literatur bewandert ist, kennt sich auch beim Destillieren von Grappa und in der Wurstfabrikation bestens aus und schaut darauf, daß ihre mageren schwarzen Schweine nur gesunde Nahrung wie Kastanien, Mais und Eicheln bekom-

men. In ihrer Vorratskammer hängen Schinken, Speck und Salamiwürste von der Decke, und auf den Regalen stehen viele Flaschen mit selbsteingemachter Tomatensauce.
Bei Malerbas gibt es zu jedem Mittag- und Abendessen Salat: einen gemischten grünen Salat, wie er in ganz Mittel- und Süditalien beliebt ist. Er besteht aus mindestens drei Sorten, meist *Radicchio*, *Endivia* und *Lattuga*. Dazu kommen aromatische Kräuter: wenn möglich sollte die dunkelgrüne, intensiv herbe *Rughetta* nicht fehlen; dazu pflückt Anna auf der Wiese, was die Jahreszeit gerade bietet: eine Art Brunnenkresse, die *Zampa di gallo* heißt, und die *Pimpinella*, die Pimpernelle. Ähnlich wie die Rughetta sieht allerdings auch der berühmte Schierling aus, mit dem Sokrates vergiftet wurde. Er wächst in der Umgebung von Orvieto massenhaft, und Malerbas erinnern sich mit Schrecken an den Schierlingsalat, den sie vor Jahren einmal Gästen vorsetzten, die zum Glück botanisch mehr bewandert waren als sie.
Dieser gemischte grüne Salat ist so reich und harmonisch im Geschmack, daß die mit Tomaten, Gurken und Fenchel vermischten Salate, die man in den italienischen Restaurants außerhalb Italiens vorgesetzt bekommt, daneben ziemlich barbarisch anmuten. Man macht ihn mit Salz, Olivenöl und Weinessig an. Anna macht ihren Weinessig selber; sie hat eine *Mamma*, die sie nicht, wie ich es mit meiner Essigmutter mache, jeden Frühling einmal auswäscht; sie wirft sie bis auf ein kleines Stück weg, das sich dann im Essigwein rasch regeneriert. Und noch etwas habe ich bei ihr gelernt: man darf den Essig nicht zu lange in der Flasche mit der Mutter lassen; sonst wird er zu scharf. Anna zieht ihn in 0,7-l-Flaschen ab, denen sie je eine geschälte Knoblauchzehe beifügt, was gerade genug ist, um den Salat mit einem fast unmerklichen Hauch von Knoblauch zu bereichern.

Rom, alte Säulen und frische Gemüse

Ich weiß nicht, welche Jahreszeit in Rom am schönsten ist: der heiße Sommer, wenn alle Römer am Meer sind und im Stadtzentrum dörflicher Friede herrscht oder der leuchtende Herbst mit seinen intensiven Farben, der milde Winter oder der wetterwendische Frühling. Bei den Feinschmeckern herrscht jedoch Einigkeit: In der römischen Küche ist der Frühling die beste Jahreszeit. Da gibt es zartes Lammfleisch, duftende Kräuter und vor allem frisches Gemüse, das in der Kochkunst der italienischen Hauptstadt eine viel wichtigere Rolle spielt, als man bei uns im allgemeinen annimmt.

Märkte gibt es in Rom fast so viele wie alte Säulen. Die römischen Hausfrauen kaufen ihr Gemüse und ihren Salat jeden Tag frisch auf dem Quartiermarkt oder auf einem der beiden Großmärkte, die auf dem Campo dei Fiori und auf der Piazza Vittorio Emanuele in der Nähe des Bahnhofs stattfinden. Man kennt Rom nicht, wenn man die farbige Schönheit seiner Märkte nie erlebt hat: Man muß die Artischocken, Erbsen, Bohnen, Broccoli, den grünen Spargel, die Steinpilze und die violetten Auberginen bewundern, wie sie an jedem Stand mit Sorgfalt und Schönheitssinn aufgebaut und dekorativ angeordnet werden. Man muß die Körbe mit den vielen verschiedenen Salaten sehen und sich von der Marktfrau einen gemischten grünen Salat zusammenstellen lassen, der aus dunkel-, mittel- und hellgrünen aromatischen Blättchen besteht und mit wildwachsenden Kräutern ergänzt wird. Es ist auch schön zu beobachten, wie die fleißigen Marktleute jede freie Minute dazu benutzen, Erbsen oder Bohnen zu enthülsen, Gemüse für die Minestrone zu putzen und die weißen Puntarelle so zu schneiden, daß sie sich im kalten Wasser ringeln. In Rom hat man das Gemüse so gern, daß man es als selbständigen Gang und oft auch als Ersatz für Fleisch oder Fisch betrachtet. Und die herrlichsten Spaghettisaucen macht man in ganz Süditalien nicht mit Tomaten, sondern mit Artischocken, Broccoli, Auberginen, Pilzen und Zucchini.

Das feinste Teigwaren-Gemüsegericht sind für mich die kleinen Muscheln (aus Teig) mit Broccoli, die ich zum ersten Mal bei Laura Giuliani gegessen habe. Sie werden mit einer rezenten Sauce aus Öl, Knoblauch und Sardellen gegessen, die tief in die muschelförmigen Teigwaren eindringt. Laura verwendet nie Ölsardellen aus der Dose, sondern eingesalzene Sardellen, die einen herrlich intensiven Meeresgeschmack haben. Man muß sie aufklappen, den Mittelgrat entfernen und dann unter dem Wasserhahn die Salzkristalle abspülen. (Auch die Kapern schmecken ja viel aromatischer und kräftiger, wenn sie in Salz eingemacht sind anstatt in Essig!)

Conchiglie e broccoli
Teig-Muscheln mit Broccoli

500 g Teig-Muscheln
500 g Broccoli
1 Glas Olivenöl
2 Knoblauchzehen
zerstoßene rote Pfefferschote (Peperoncino)
2 Sardellen aus dem Salz

Man zerteilt die Broccoli in Röslein und gibt sie zusammen mit den Teig-Muscheln ins kochende Salzwasser, wo sie in gut 10 Minuten weich sind. Unterdessen erhitzt man in einer Pfanne das Öl, gibt die feingewiegten Knoblauchzehen, die Pfefferschote und die Sardellen bei, die man mit einer Gabel zerdrückt, bis sie sich auflösen. Man vermischt die abgetropften Muscheln und die Broccoli mit der Sauce und serviert sie ohne geriebenen Käse.

Diese Kombination von Teigwaren, Gemüse und ein bißchen Fisch ist so gesund und nahrhaft, daß sie eine leichte und vollständige Mahlzeit ergibt, die zudem rasch zubereitet ist. Anstatt Broccoli kann man ohne weiteres auch Blumenkohl verwenden. Ein Freund, dem ich diese Blumenkohl-Muscheln einmal gekocht habe, fand die Ton-in-Ton-Zusammenstellung ganz besonders schön und apart.
Ebenfalls bei Giulianis habe ich die mit Mozzarella und Sardellen gefüllten Zucchini- oder Kürbisblüten kennengelernt. Ungefüllt kannte ich diese gelben zarten Blumenkelche, die

Rom, Spanische Treppe

im Frühsommer auf allen Märkten angeboten werden, schon aus meiner Studienzeit in Neapel. Man bekam sie damals bei Straßenverkäufern, welche die Blüten in einen Topf voll brutzelndem Öl warfen, mit einem Sieblöffel herausfischten und auf ein Blatt Pergamentpapier legten, das sie flink zu einer Tüte formten, und wie ein Geschenk mit Grandezza überreichten. Die römische gefüllte Variante ist so reichhaltig, daß man sie als leichtes Hauptgericht mit einem Salat ißt.

Fritto di fiori di zucca
Ausgebackene Kürbis- oder Zucchiniblüten

12 Kürbisblüten
100 g Mehl
0,25 l Weißwein
2 Eßlöffel Olivenöl
1 Eiweiß
100 g Mozzarella
12 Sardellenfilets (6 Sardellen aus dem Salz)
Öl zum Ausbacken

Die Blüten werden gewaschen und zum Trocknen auf Küchenpapier gelegt; dann gibt man das Mehl mit dem Salz in eine Schüssel und fügt den Wein und das Olivenöl bei. Man rührt mit einem Schneebesen oder einem Elektroquirl alles gut durcheinander und gibt am Ende das steifgeschlagene Eiweiß dazu. In jede Blüte steckt man ein Stückchen Käse und ein Sardellenfilet. Man taucht die Kürbisblüten in den Teig, gibt sie dann ins kochende Öl und läßt sie frei schwimmend von allen Seiten goldbraun backen. Man nimmt sie mit einem Schaumlöffel heraus, läßt sie auf Küchenpapier abtropfen und serviert sie heiß.
Anstelle der Sardellenfilets kann man auch Streifchen von Parmaschinken verwenden.

Welche große Rolle delikat zubereitete Gemüse in der römischen Familienküche spielen, habe ich auch bei einem Abendessen im Hause Malerba in der Nähe der Piazza Navona erlebt, zu dem neben Alberto Moravia auch Francesca Sanvitale und Fabio Carpi eingeladen waren. Die Diskussion entzündete sich an der Vorspeise: *Carciofi alla romana*, junge

zarte Frühlingsartischocken, die ganz genießbar sind und mit einer würzigen Kräutermischung zwischen den Blättern in Öl geschmort werden. Man lobte die Gastgeberin, die aber erklärte, die besten Artischocken ihres Lebens habe sie bei Moravia gegessen; es sei eine Art knuspriges Gratin gewesen. Der Romancier wehrte mürrisch und verlegen ab und behauptete, neben Anna Malerbas Carciofi alla romana schätze er nur noch die Artischocken, die *alla giudia* – nach jüdischer Art – zubereitet werden, worauf die Unterhaltung sich während längerer Zeit um das echte Rezept dieses alten Gerichtes aus dem römischen Ghetto zu drehen begann, nach dem die Artischocken in heißem Öl ausgebacken und dabei flachgedrückt werden, daß sie am Ende wie goldbraune Chrysanthemen aussehen.
Nachstehend Anna Malerbas Rezept der

Carciofi alla romana
Artischocken nach Römer Art

8 kleine Artischocken
1 Zitrone
Petersilie
2 Knoblauchzehen
Blätter von frischer Minze
Salz, Pfeffer, Olivenöl

Entscheidend für das Gelingen dieses Gerichtes ist die Qualität der Artischocken, die jung und zart sein müssen. Wichtig ist auch, daß man sie radikal und ohne falsche Sparsamkeit putzt, so daß alles Harte und Trockene weggeschnitten wird. Man beschneidet sie mit einem scharfen Messer so, daß der Stiel nur drei bis vier Zentimeter lang bleibt; die äußerste Schicht des Bodens wird ebenfalls abgetragen: die äußersten Blätter und die Blattspitzen werden abgeschält, indem man die Artischocke in der linken Hand langsam dreht. Dann öffnet man sie ein wenig, damit man mit einem kleinen Löffel das Heu entfernen kann, und legt sie dann in kaltes Wasser, das man mit dem Saft einer Zitrone gesäuert hat. Man wiegt Petersilie, Minze und die Knoblauchzehen und drückt diese Kräuterfüllung zwischen die Blätter der Artischocke. Man reibt sie mit Salz und Pfeffer ein und legt sie dann mit dem Stiel nach oben in einen Kochtopf (am besten aus Steingut), in dem man reichlich Olivenöl heiß gemacht hat. Man gießt so viel Wasser zu, daß die Artischocken halb bedeckt sind.

Nun wird der Topf zugedeckt und das Gemüse in 20–50 Minuten weichgedünstet. Das Kochwasser muß am Ende ganz verdunstet sein. Diese Artischocken schmecken warm oder kalt gleich gut. Man kann die Kräuterfüllung auch mit ein paar feingewiegten Sardellenfilets oder mit Sardellenpaste vermischen.

Rom, Piazza della Rotonda

Um in Rom gut zu essen, braucht man weder Guide Michelin noch Guida dell'Espresso; es genügt, in einer Bar, am Kiosk oder beim Tabakhändler nach der Adresse einer guten Trattoria zu fragen. Ist das nicht möglich, kann man sich auch dem Zufall überlassen und einfach ein Lokal wählen, in dem zur Essenszeit viel Betrieb ist. Restaurants, die Touristenmenüs anbieten, sind selbstverständlich zu meiden. Sprachkenntnisse sind unerläßlich, weil italienische Kellner ihre Kunden gern beraten und liebevoll auf alle ihre Sonderwünsche eingehen. Zum geschätzten und sorgfältig bedienten Gast wird man erst, wenn man so genau wie möglich formulieren kann, was man essen möchte. Man bestellt also nicht einfach das Gemüse, das auf der Speisekarte figuriert, sondern skizziert zur Information des Kochs auch gleich seine Zubereitung: mit Öl oder Butter, mit Zwiebel oder Knoblauch, warm oder kalt, mit Peperoncino oder etwas frischem Zitronensaft.

Ein Meister der kulinarischen Kommunikation mit Kellnern ist Giorgio Manganelli, der sich abends mit Freunden oft in einem der vier Restaurants der Kapitale trifft, die seinen strengen Ansprüchen genügen. Sein Ruhm als Schriftsteller und vor allem als Kolumnist auf der ersten Seite der römischen Tageszeitung »Il Messaggero« gibt seiner gastrosophischen Präsenz natürlich besonderes Gewicht: trotzdem widmet er sich der Erziehung der Kellner und Köche jedesmal mit unnachsichtigem Ernst. Dazu gehört, daß er für römische Verhältnisse früh ins Restaurant geht, schon um acht Uhr, wenn die Kellner Zeit für einen individuellen Service haben und auf eventuelle Reklamationen mit dem gebührenden Respekt eingehen können. Im »Bersagliere« bei der Porta Pia wählt er seinen Tisch zudem stets im Souterrain, wo andere Gäste erst am späteren Abend auftauchen, wenn das Parterrelokal überfüllt ist. Ihm genügt ein Blick auf den rosmaringewürzten *Abbacchio arrosto*, um bedauernd festzustellen, daß das Milchlamm zehn Minuten zu lange im Ofen war und nicht mehr so saftig sein kann, wie es sollte, und beim Verspeisen einer Wildtaube kann es passieren, daß er das Besteck plötzlich resigniert auf den Teller legt und dem herbeieilenden Kellner erklärt, der Vogel sei zäh. Nach einiger Beratung läßt er sich überreden, es mit einem garantiert zarten Perlhühnchen zu versuchen.

Diese ritualisierten Auseinandersetzungen haben nichts Peinliches, im Gegenteil: sie gehören zum abwechslungsreichen und spannenden Ablauf des Abendessens im Restaurant, das der Dichter zusammen mit den Kellnern, dem Patron und den übrigen Gästen in Nebenrollen inszeniert. Vor allem die Kellner spielen mit Eifer und Lust mit, geben sich betrübt, erschrocken, fürsorglich, erleichtert, herzlich und dankbar und begleiten den verehrten Professore am Schluß bis auf die Straße hinaus, wo bereits das Taxi wartet, das sie für ihn bestellt haben.

Einmal habe ich auch an einem Abendessen teilgenommen, das bei einer Freundin Manganellis stattfand und vom barocken Stil des Schriftstellers eindeutig geprägt war. Es begann mit einer reichen und farbigen Auswahl süditalienischer Antipasti: in Öl eingemachte und mit Oregano gewürzte süße Tomätchen aus Apulien, wilder, grüner Spargel,

schwarze Oliven mit einem Hauch Orangenduft, sauersüß geschmorte Zwiebelchen, braunglänzende Pilze und allerhand leuchtend rote, mit Paprika gewürzte pikante Wurstsorten. Es folgte ein *Risotto nero* – vom Saft der Tintenfische schwarz gefärbter Reis –, der auf den ersten Blick makaber aussieht, aber wundervoll nach Meer schmeckt; darauf eine reich gefüllte und knusprig gebratene Ente, zu der mit Zwiebeln geröstete Bratkartoffeln gereicht wurden; und den krönenden Abschluß bildete ein extravagantes *Gelato di formaggio*, das die Gastgeberin nach Manganellis Anweisung aus je einem Drittel Gorgonzola, Roquefort und Schlagsahne gemixt und gefroren hatte. Zu jedem Gang gab es einen anderen Wein, zum Käse-Eis einen kostbaren alten Porto. Zur letzten abschließenden Erfrischung kam eine große Schale von Kumquats – kleine chinesische Mandarinen – auf den Tisch,

die Manganelli mit zärtlicher Präzision als *mandarini da camera* bezeichnete, weil sie sich zu den gewöhnlichen Mandarinen wie Kammer- zu Orchestermusik verhalten.
Kein Wunder, daß Manganelli auch ein großer Kenner der spezifischen psychischen Wirkung bestimmter Speisen oder Speisefolgen ist und darüber in einem »Lob des Essens« betitelten Aufsatz Lesenswertes geschrieben hat. Darin heißt es: »Ich kenne kein Mittel gegen die Angst, das dem Peperoncino vergleichbar wäre, welches züngelnd und beißend euer Schweißtuch in einen tadellosen Gehrock mit Blume im Knopfloch verwandelt. Zarte, unsichere Seelen werden schon nach einfachen, großzügig mit Peperoncino gewürzten, leicht vulgären Spaghetti nahezu keck. Ein gemischtes Siedfleisch mit süß-sauren Senffrüchten aus Cremona verleiht reife Gelassenheit und das Gefühl eines Familienvaters, dessen zahlreiche Kinder alle in festen, sicheren Positionen im Leben stehen. Das Wiener Schnitzel wirkt nur gut, wenn es irgendwo eingereiht ist: mitten in der Woche geht beispielsweise eine ruhige Entspannung und die Überzeugung von ihm aus, das Ende der Welt gehe uns nichts an. Ein Omelett kann einen zu Tränen rühren, zugleich aber soviel kindliche Wärme und zärtliche Geborgenheit vermitteln, daß wir das stürmische Kap einer Nacht rauhester Einsamkeit zu umsegeln vermögen. Die Mordlust weist man durch grobe, würzige Speisen von sich: Schinkenknochen und die göttlichen Schwarten mit weißen oder braunen Bohnen, letztere lenken auch von Selbstmordgedanken ab, aber vielleicht eignen sich zu diesem Zweck noch besser einschmeichelndere Geschmacksnuancen, feines schmeichlerisches, mit elegantem Ungestüm gewürztes Wildbret. Den Niedergeschlagenen jedwelcher Art verabreiche man Rotwein; Weißwein den Schwärmern, den Besessenen, den finsteren Geistern. Nicht zufällig fürchten die Vampire den Knoblauch; wer ihn liebt, besitzt ein chthonisches Amulett, eine Alraunwurzel aus dem Herzen der Erde, das ihm die nächtlichen Vögel seiner geheimsten Kümmernisse vertreibt. Schlau ist die Zwiebel und lustig und frech; voll Hochmut der Rettich, sublim der Lauch, sie alle taugen für Gehirne, denen Sonette und Terzinen einfallen können.«

Abruzzen
oder das Mysterium der Pfefferschötchen

Vermutlich gibt es nicht viele Italienliebhaber, die die Abruzzen wie ich als Skiparadies erlebt haben: mit tiefblauem Himmel, warmer Januarsonne und einer weißglänzenden Gebirgsarena. Das war während meines Studienjahrs in Neapel: im Januar und im Februar traf man sich am Sonntagmorgen um sieben Uhr auf der dunklen und menschenverlassenen Piazza Garibaldi, stieg in einen Bus, schlummerte wieder ein und war drei Stunden später im verschneiten Roccaraso auf 1200 m Höhe inmitten von Skiliften und Sesselbahnen. Es folgten ein paar Stunden vergnügter Pistenraserei, unterbrochen nur durch Cappuccini oder Espressi, und gegen drei Uhr nachmittags versammelte man sich in der Trattoria zu einer Mahlzeit, die Mittag- und Abendessen zugleich war.

Es waren fröhliche, üppige Mahlzeiten, bei denen ich die betörende Vielfalt der italienischen Spaghettizubereitungen kennenlernte, die sich wohltuend abhob vom Einerlei der Tomatenspaghetti, die in Neapel unser tägliches Brot waren. Die größte Entdeckung war jedoch die reine Schärfe des Peperoncino, des roten Pfefferschötchens, das in der Küche der Bergprovinz dominiert.

Ich kann mich noch gut an die berühmten *Maccheroni alla chitarra* erinnern, für die ein dünner Nudelteig durch ein gitarrenähnliches Instrument mit gespannten Drähten gepreßt wird. Diese Maccheroni waren sehr locker und fein und wurden mit Tomatensauce serviert. Nach der ersten Gabel war mir, als hätte ich Feuer verschluckt; meine neapolitanischen Freunde lachten, als ich zum Wasserglas griff, um den Brand in meiner Kehle zu löschen, und zeigten mir die Ketten von leuchtendroten getrockneten Pfefferschötchen, welche die Wände des Restaurants schmückten. In den Abruzzen mag man es scharf, und es gibt fast keine gesalzenen Speisen, die man nicht großzügig mit diesen höllisch scharfen Schötchen würzt. Daß man sie *Diavoletti* – Teufelchen – nennt, leuchtet ein. Warum jedoch das Öl, das mit

diesen Teufelsschoten gewürzt wird, *olio santo* – heiliges Öl – heißt, gehört zu den Mysterien der Gastronomie, wo Satanisches und Heiliges ineinander übergehen. Das scharfe Öl braucht man zum Anbraten von Fleisch, für Gemüse und sogar zum Anmachen des Salates.
Ein echt abruzzesisches Gericht sind auch die *Spaghetti con aglio, olio e peperoncino*. Diese Spaghettisauce aus Knoblauch, Öl und Pfefferschötchen gehört seit den Skiausflügen nach Roccaraso zu meinen Lieblingsgerichten; man kann ihre Zutaten stets vorrätig haben, und sie ist im Handumdrehen zubereitet.

Spaghetti con aglio, olio e peperoncino
Spaghetti mit Knoblauch, Öl und scharfer Pfefferschote

400 g Spaghetti
4 Eßlöffel Olivenöl
4 Knoblauchzehen
1 Peperoncino, ganz oder im Mörser zerstoßen
1 Eßlöffel gehackte Petersilie
40 g geriebener Pecorinokäse

Man bringt Salzwasser zum Kochen, gibt die Spaghetti dazu und kocht sie al dente. Man erhitzt Öl und brät darin die gehackten Knoblauchzehen und das zerkrümelte Peperoncino, bis der Knoblauch goldgelb ist. Die abgetropften Spaghetti vermischt man mit der gehackten Petersilie und der kochendheißen Ölsauce und bestreut sie mit dem geriebenen Pecorino.
Diese Spaghetti schmecken auch ohne Petersilie vorzüglich, und viele Abruzzesen lassen auch den Käse weg. Manche Feinschmekker fischen den Knoblauch und das Peperoncino, so gut es geht, vor dem Anrichten aus der Pfanne und genießen die Spaghetti nur mit dem heißen Öl, in dem sich der Geschmack des Knoblauchs mit der Schärfe der Peperoncino verbindet.
Noch feiner schmeckt die total puristische Variante dieses Rezeptes: man gibt bestes Olivenöl in einen vorgewärmten Teller, fügt ausgepreßten Knoblauchsaft und zerstoßenes Peperoncino bei und vermischt die ungekochte Sauce mit den heißen Spaghetti.

Unser Lieblingsgericht in Roccaraso waren aber die *Spaghetti alla puttanesca*, die Spaghetti nach Hurenart, die ich für eine Erfindung unserer Stammtrattoria hielt, bis ich ihnen später

Civitella del Tronto in den Abruzzen

in Neapel wieder begegnete und erfuhr, daß es sich um eine Spezialität der Insel Ischia handelt. Ihre reiche und doch leichte Sauce enthält schwarze Oliven, Kapern, Sardellen, Tomaten, Knoblauch und Peperoncino.

Spaghetti alla puttanesca
Spaghetti nach Hurenart

400 g Spaghetti
500 g Tomaten (oder 1 Dose geschälte Tomaten)
0,1 l Olivenöl
150 g schwarze Oliven
100 g Sardellen aus dem Salz
50 g Kapern aus dem Salz
1 Knoblauchzehe
1 Peperoncino
Salz

Zuerst gibt man die Spaghetti in kochendes Salzwasser. Dann entgrätet man die Sardellen, spült unter dem fließenden Wasser das Salz ab und gibt sie zusammen mit dem Öl, dem Knoblauch und dem in Stücke gebrochenen Peperoncino in einen Steinguttopf. Man dünstet alles gut durch, bis der Knoblauch goldgelb ist und die Sardellen sich im Öl aufgelöst haben. Zum Schluß fügt man die enthäuteten Tomaten, die entsteinten Oliven und die gut gewaschenen und ausgedrückten Kapern bei und läßt sie köcheln, bis die Spaghetti al dente sind. Dann gießt man das Wasser ab und vermischt die Spaghetti mit der Sauce.

Zur aromatischen Schärfe der abruzzesischen Küche paßt hervorragend der trockene Kräuterschnaps, den der Wirt uns zum Abschluß des Essens stets offerierte. Er heißt *Centerbe* – d. h. hundert Kräuter – und wird aus Bergkräutern destilliert: Seine Farbe ist grünlich, sein Geschmack intensiv, und er ist so stark, daß er in der Kehle fast so brennt wie ein Peperoncino. Die Abruzzesen behaupten, das Feuer im Glas und das Feuer im Teller helfen ihnen, den kalten Winter zu überstehen – das Kaminfeuer allein genüge nicht.

Früher brachte ich aus Italien immer einen Zweig mit frischen Pfefferschötchen nach Hause; heute kann man die Peperoncini im Herbst auch bei uns in italienischen Lebensmittelgeschäften kaufen. Man läßt sie trocknen, zerstößt sie dann in einem Mörser und hat für Saucen und Ragouts stets die feurige Schärfe dieses reinen Naturproduktes bereit, das unendlich viel besser schmeckt als gemahlener Cayenne-Pfeffer. Diese Küchen-Weisheit habe ich in einer römischen *Erboristeria* gelernt. So heißen in Italien die immer seltener werdenden Kräuter- und Gewürzläden, die mit ihren Steingutgefäßen, Waagen und Mörsern wie alte Apotheken aussehen. Die kräuterkundige Besitzerin erklärte mir, daß pulverisierte Kräuter nichts taugen, weil sie ihren Geschmack viel zu rasch verlieren und weil das Mahlen mit einer Mühle überdies jedem Naturgeschmack abträglich ist. Auch Pfefferkörner bewahren ihr ganzes Aroma nur, wenn man sie im Mörser zerstampft. Das hat auch die Firma Mc Cormick begriffen, die rote zerstoßene Pfefferschoten im Glas anbietet, die von guter Qualität sind.
In den römischen Erboristerie findet man aber vor allem ein abruzzesisches Gewürz, das in ganz Italien berühmt ist: den Safran, der in der Provinz von L'Aquila in Feldern angepflanzt wird. Er besteht aus den rotbraunen Blütennarben des Safrankrokus, die von abruzzesischen Frauen mit Nadeln einzeln aus ihren Blüten gelöst werden. Um ein Pfund Safran zu gewinnen, braucht es ungefähr 75 000–150 000 Blüten.

oben: alte abruzzesische Küche in Pescocostanzo
unten: Bauern in Castel di Sangro

Kein Wunder, daß er teuer ist. Heute wird er in kleinen Gläsern verkauft, die ein Gramm enthalten und zehn Mark kosten. Damit kann man mindestens zehn Risotti für vier Personen würzen. Früher zerrieb man die Safranfäden im Mörser zu Pulver; heute ziehen es die italienischen Hausfrauen vor, die Fäden nur in heißer Fleischbrühe anzurühren, weil die rötlichen Fäden im gelben Risotto augenfällig machen, daß hier nicht ein chemisches Pulver, sondern echter Safran verwendet wurde.
Daß man auch Teigwaren in einer Safransauce zubereiten kann, habe ich später einmal in Rom erlebt im »Ristorante Abruzzi« in der Nähe der Fontana di Trevi. Die *Vermicelli in salsa abruzzese* sind ein monochromes Gericht, das nicht nur Safran, sondern auch gehackte gelbe Kürbisblüten enthält.

Vermicelli in salsa abruzzese
Abruzzesische Spaghetti

400 g Spaghetti
1 Zwiebel
6–8 Kürbis- oder Zucchiniblüten
wenig Fleischbrühe
Olivenöl
1 Prise Safran
1 frisches Ei
geriebener Pecorinokäse
Salz und schwarzer Pfeffer

Man wiegt die Zwiebel zusammen mit den gut gewaschenen Zucchiniblüten. In einer kleinen Pfanne macht man etwas Öl heiß, fügt den in wenig Wasser aufgelösten Safran, Zwiebel und Zucchiniblüten bei und würzt mit Salz und Pfeffer. Man vermischt alles gut und kocht die Mischung unter häufigem Rühren. Nach zehn Minuten passiert man alles durch ein Sieb ins gleiche Pfännchen, verdünnt mit etwas Fleischbrühe und läßt ein paar Minuten leise köcheln. Nun nimmt man die Sauce vom Feuer und vermischt sie mit einem Eigelb und ein paar Löffeln geriebenem Pecorinokäse. Die im Salzwasser al dente gekochten Spaghetti vermischt man mit der heißen Sauce.

Die Abruzzen haben große Ähnlichkeit mit Sardinien: die Schafzucht ist in der gebirgigen Region einer der wichtigsten Erwerbszeige, und die Küche ist stark von den Gewohnheiten der Hirten geprägt: Der Schafskäse, der Pecorino, dominiert, und Lamm und Spanferkel werden am offenen Feuer gebraten. Eine klassische Beigabe zu den Teigwaren ist denn auch ein Ragout aus Lamm- oder Hammelfleisch. Das folgende Rezept habe ich vom Wirt des »Ristorante Da Nino« bei der Piazza del Popolo in Rom.

Tagliatelle con spezzatino d'agnello
Nudeln mit Lammragout und Peperoni

400 g Nudeln, Salzwasser
200 g Lammragout
2 Peperoni
2 Tomaten
2 Knoblauchzehen
2 Lorbeerblätter
½ Glas Weißwein
5 Eßlöffel Olivenöl
Salz und Pfeffer

Man schneidet das Lammfleisch in kleine Streifen und würzt mit Salz und Pfeffer. Man gibt das Olivenöl zusammen mit dem Knoblauch und den Lorbeerblättern in einer Pfanne aufs Feuer, fügt dann das Lammfleisch bei und brät es langsam an. Nach fünfzehn Minuten löscht man mit dem Weißwein ab, und wenn er verdampft ist, gibt man die geviertelten Tomaten und die in Streifen geschnittenen Peperoni bei. Nun läßt man das Ragout zugedeckt auf kleinstem Feuer 2 Stunden köcheln. Eventuell muß man etwas Wasser oder Fleischbrühe beifügen. Am Ende würzt man mit Salz und Pfeffer. Man richtet das Ragout über die al dente gekochten und abgetropften Nudeln an.

In Rom kann man die abruzzesische Küche aus direkter Anschauung kennenlernen; denn die Bergprovinz ist ein Emigrantengebiet, und viele der besten kleinen Trattorien in Rom haben Köche und Kellner aus den Abruzzen. Bei Nino gibt es fast immer einen feinen Schokoladenkuchen als Dessert; daß er hausgemacht ist, sieht man an den dunkeln Schokoladensprenkeln, die anzeigen, daß die Schokolade von Hand geraffelt wurde. Ich bin nicht ganz sicher, ob das eine abruzzesische Spezialität ist, wie der Wirt behauptet; sicher ist nur, daß der Kuchen vorzüglich schmeckt und problemlos gelingt. Das Originalrezept enthält kein Backpulver. Ich habe es beigefügt, weil ich den Kuchen, wenn er ein wenig aufgeht, noch besser finde.

Torta di cioccolato
Schokoladenkuchen

250 g Butter
250 g Zucker
5 Eier
250 g gemahlene Mandeln
150 g geriebene bittere Schokolade
75 g Mehl
½ Päckchen Backpulver
Butter und Mehl für die Form

Man rührt die Butter und den Zucker schaumig und fügt nach und nach die ganzen Eier unter ständigem Rühren hinzu. Dann gibt man löffelweise die Mandeln und die Schokolade zu der Schaummasse, ebenso das Mehl und das Backpulver. Man streicht eine Springform mit Butter aus und bemehlt sie. Dann füllt man den Teig hinein und bäckt die Torte bei schwacher Hitze in 60–75 Minuten gar. Man kann sie mit Puderzucker bestreuen.

Im »Abruzzi« spendiert der Wirt zum Abschluß des Essens keinen scharfen Centerbe-Schnaps und zum Glück auch nicht den in Rom sonst traditionellen zuckersüßen Sambuca, der mit einer Kaffeebohne im Glas serviert wird, sondern einen Strega-Likör, dem der Safran die goldgelbe Farbe und den angenehm medizinalen Geschmack verleiht.

Neapel, Tomaten und Mozzarella

Neapel war die erste italienische Stadt, in der ich gelebt und gearbeitet habe. Nachdem ich mein Studium in Zürich abgeschlossen hatte, reiste ich mit einem Stipendium der italienischen Regierung nach Neapel. Es war im November, und ich werde den Eindruck nie vergessen, den diese Stadt auf mich gemacht hat mit ihrem Übermaß an Farben, Düften und Geräuschen. Ich tauchte in eine Welt ein, in der die Erinnerung an den grauen Schweizer November sogleich zum Schatten verblaßte. Hier war alles farbig und leuchtend; hier spielte sich das Leben auch im Winter auf der Straße ab: Limonadenstände, die mit knallgelben Zitronen geschmückt waren, luden zum Trinken ein, und an jeder Ecke wurden einem duftende Pizza oder knusprig gebackene Kürbisblüten angeboten. Das Stimmengewirr, das Gehupe, das chaotische und nervöse Leben in den engen Straßen war wie eine Droge. Eine Droge auch der Kaffee, der in keiner anderen italienischen Stadt so intensiv und aromatisch getrunken wird. Den besten bekam man in einer kleinen Bar in einem Seitenarm der glasüberdeckten Galleria: ein paar Tropfen dickflüssige schaumige unbeschreiblich köstliche Kaffee-Essenz. Daß man in Neapel auch im Winter auf der Straße lebt, liegt nicht nur an der Geselligkeit der Neapolitaner; es hat auch damit zu tun, daß in den meisten Häusern wenig oder gar nicht geheizt wird. Nie in meinem Leben habe ich so gefroren wie in jenem sonnigen Winter in Neapel. Ich wohnte in einem Haus ohne Heizung, und in meinem Zimmer stand nur die Karikatur eines elektrischen Ofens mit einer winzigen Glühspirale. Es war unmöglich, am Tisch zu schreiben oder zu lesen, und so verbrachte ich viele Nachmittage und Abende unter vielen Wolldecken im Bett und las mit kalter Nasenspitze alle italienischen Autoren, die ich nicht kannte: Nievo und Svevo, Calvino und Gadda, Ungaretti und Montale.

Wir Stipendiaten hatten nicht viel Geld, und unser tägliches Brot waren deshalb die *Spaghetti alla napoletana*, die man in den billigsten Trattorien in erstklassiger Qualität essen kann:

al dente gekocht und mit einer Sauce, deren Geheimnis in ihrer Einfachheit liegt und natürlich auch in der besonderen Qualität der neapolitanischen Tomaten, die reif und süß auf den Markt kommen. Bei Edoardos Mutter habe ich gesehen, wie blitzschnell diese Sauce zubereitet wird. Man verwendet dazu hausgemachte Tomatensauce oder frische Tomaten, die man schält, nachdem man sie kurz in kochendes Wasser getaucht hat.

Spaghetti alla napoletana
Spaghetti mit Tomatensauce

400 g Spaghetti
1 kg reife Tomaten, geschält und in kleine Stücke geschnitten
5 Eßlöffel Olivenöl
frisches Basilikum
Salz, Pfeffer
50 g geriebener Parmesankäse

Man fängt mit der Zubereitung der Sauce erst an, wenn man das Salzwasser für die Spaghetti aufgesetzt hat. Man läßt das Öl heiß werden, gibt die Tomaten dazu, würzt mit Salz und Pfeffer und läßt es kurz einkochen. Wenn die Spaghetti al dente sind, ist auch die Sauce genug gekocht. Man gibt das grobgeschnittene Basilikum bei und vermischt sie mit den abgetropften Spaghetti und dem geriebenen Parmesan. Dank der kurzen Kochzeit der Sauce bleiben der Geschmack und die schöne Farbe der frischen Tomaten erhalten.
In den heißen Sommermonaten verzichtet man häufig darauf, die Tomaten zu kochen, weil sie dann so reif und süß sind, daß es sinnlos wäre, sie durch einen Kochprozeß zu verändern. Man schneidet die geschälten Tomaten in sehr kleine Stücke, gibt sie auf ein Sieb zum Abtropfen und verrührt sie dann mit Salz, Pfeffer, Olivenöl und dem fein geschnittenen Basilikum. Man kann auch einen Tropfen ausgepreßten Knoblauchsaft beifügen. In einer vorgewärmten Schüssel vermischt man die heißen abgetropften Spaghetti mit dieser ungekochten Tomatensauce, die ein frisches köstliches Aroma hat.

Es gibt in der Küche Neapels eine ganze Reihe von Schnellgerichten, die dem Bedürfnis der Neapolitaner entgegenkommen, zu jeder Tages- und Nachtzeit ein warmes Häppchen zu

Blick auf Neapel,
im Hintergrund der Vesuv

genießen. Das gilt für die Straßenhändler mit ihren frischgebackenen Fischen, Meeresfrüchten, Artischocken und Kürbisblüten wie für die *Pizzerie*, in denen von morgens zehn Uhr bis nachts um zwei Uhr ohne Unterbrechung Pizza gebacken wird. Die Pizza ist hier ein leichter Imbiß, keine Mahlzeit; sie besteht aus einem hauchdünnen und durch und durch knusprigen Teigblatt, und ihre klassischen Zutaten sind Tomaten, Mozzarella und frische Basilikumblättchen. Den gleichen harmonischen Dreiklang findet man übrigens auch bei einer Variante der oben erwähnten Spaghetti alla napoletana, bei der man die frischen Tomaten zusammen mit 100 g Mozzarella zu einer cremigen Sauce kocht.
Tomaten und Mozzarella sind auch die Bestandteile eines fabelhaften Auberginengratins, der den leicht irreführenden Namen *Melanzane alla parmigiana* trägt, also Auberginen, wie man sie in Parma zubereitet. Aus Parma stammt aber nur der Käse, den man am Ende der Zubereitung in die Gratinform reibt, damit eine schöne goldbraune Kruste entstehen kann. Ich habe dieses Gericht zum ersten Mal bei Edoardos

Mutter gegessen, als ersten Gang eines neapolitanischen Sonntagsmittagessens, das üblicherweise um drei Uhr nachmittags beginnt und bis gegen neun Uhr abends dauert. Dabei sitzt man mit Verwandten und Freunden in der Wohnküche und findet zwischen den einzelnen Gängen Zeit, die Fußballspiele im Fernsehen anzuschauen und ausgiebig zu kommentieren, am Kiosk Zigaretten zu kaufen und mit den Kindern zu spielen. Von Edoardos Mutter stammt auch das folgende Rezept, das ziemlich viel Zeit und Sorgfalt verlangt. Die Mühe lohnt sich aber.

Melanzane alla parmigiana
Auberginengratin

4 mittlere Auberginen
Salz
1–2 Löffel Weizenmehl
Olivenöl
1 Dose geschälte Tomaten
frisches Basilikum
2 Mozzarellakäse à 150 g
50 g geriebener Parmesan

Man schält die Auberginen und schneidet sie der Länge nach in dünne Scheiben, die man salzt, zwischen zwei Teller legt und mit einem Gewicht beschwert, damit der bittere Saft austreten kann. Das dauert ungefähr eine halbe Stunde. Unterdessen bereitet man aus den Tomaten, etwas Salz und dem Basilikum eine milde, fettlose Tomatensauce, die man höchstens zehn Minuten kochen lassen muß, und schneidet den Mozzarellakäse in Scheiben. Dann beginnt die Hauptarbeit: das sorgfältige Backen der Auberginen. Zuerst werden sie mit Küchenpapier gut abgetrocknet; dann wendet man sie im Mehl, das man gut abschüttelt, und bäckt sie im heißen Olivenöl, bis sie auf beiden Seiten goldbraun sind. Man entfettet sie mit Küchenpapier und füllt sie lagenweise mit Käse und Tomatensauce in eine gebutterte Gratinform ein. Nach der letzten Lage Auberginen ändert man die Reihenfolge (Auberginen – Käse – Tomatensauce) und bedeckt das Gemüse zuerst mit Tomatensauce und gibt zum Abschluß eine Schicht geriebenen Parmesankäse darüber. Man bäckt die Auberginen im mittelheißen Backofen 45 bis 60 Minuten. Wird die Kruste zu dunkel, deckt man mit Alufolie ab.

In Italien wird dieses Gericht oft als Vorspeise oder als Beilage zu Fleisch serviert. Für mich ist es zusammen mit einem gemischten Salat eine der besten Sommermahlzeiten, die ich kenne.
Der frische weiße Mozzarella gehört zu Neapel wie der Vesuv und das Meer. Er wird aus der Milch von Büffelkühen, den sogenannten *bufale*, hergestellt und ist nicht nur beliebt, weil er auf der Pizza und anderen Gerichten problemlos schmilzt; er ist auch ein gesunder und kalorienarmer Frischkäse, den man dank seines sanften, milchigen Geschmacks mit den verschiedensten Aromen kombinieren kann. Auch im Bereich der Salate bewährt sich die klassische Kombination von Mozzarella und Tomate: Sie ist unter dem Namen *Insalata caprese* ein Sommergericht par excellence, das man auch gern ißt, wenn man vor Hitze den Appetit fast verloren hat.

Insalata caprese
Mozzarella- und Tomatensalat

2 Mozzarelle à 200 g
6 reife Tomaten
Salz und Pfeffer
Oregano oder frisches Basilikum
6 Eßlöffel Olivenöl

Man schneidet die Mozzarella und die gewaschenen Tomaten in Scheiben. Auf einer Platte ordnet man abwechselnd dachziegelartig Käsescheiben und Tomatenscheiben an, bestreut mit Salz, Pfeffer und Oregano und begießt mit dem Olivenöl. Vorzüglich schmeckt dieser Salat auch, wenn man anstelle des Oregano fein geschnittene Basilikumblätter verwendet. Wer Lust hat, kann seinem Salat ein paar Tropfen Essig beifügen, am besten milden Rotweinessig.

Damit der frische, milchige Geschmack des Mozzarella voll erhalten bleibt, legt man ihn nach der Zubereitung in eine leicht gesalzene Flüssigkeit ein. In Italien kauft man ihn in offenen Glasgefäßen, für den Export werden die weißen Bällchen einzeln in wasserdichte Folie verpackt, die – wenn man sie aufschneidet – ein wenig Flüssigkeit enthalten muß; sonst ist die Mozzarella nicht mehr frisch.

Berühmt ist auch die *Mozzarella in carrozza* – Mozzarella in der Kutsche –, ein in Öl ausgebackenes Käsesandwich, das zu den Offenbarungen der volkstümlichen Küche von Neapel gehört.

Mozzarella in carrozza
Gebackenes Käsesandwich

8 Scheiben Toastbrot
4 dicke Scheiben Mozzarella
2 Eier
Salz
2 Eßlöffel Milch
2 Eßlöffel Mehl
Olivenöl zum Ausbacken

Man entrindet die Brotscheiben, legt auf vier Brotscheiben je eine Käsescheibe und legt die anderen vier darüber. Man taucht die Ränder des Brots kurz in kaltes Wasser, damit man sie ganz fest über dem Käse zusammendrücken kann. Dann verrührt man die Eier mit Salz und Milch, bis sich ein leichter Schaum bildet. Nun schüttet man das Mehl auf einen Teller und wendet die Brotscheiben leicht auf beiden Seiten darin. Man erhitzt reichlich Öl in einer Pfanne und wendet die bemehlten Brotschnitten mehrmals in der Eimasse und bäckt sie im heißen Öl auf beiden Seiten goldgelb. Man hebt sie mit einem Schaumlöffel heraus, läßt sie auf Küchenpapier kurz abtropfen und serviert sie so heiß wie möglich. Mozzarella in carrozza findet man auf der Speisekarte meist als Vorspeise; für mich ist das ein Gericht, das sich eher als einfaches Abendessen eignet, zusammen mit einem Salat.

Manchmal war ich bei Piero Gruber zum Essen eingeladen, der mit seinen Eltern in einer Villa am Hügel von Capodimonte wohnte, wo man einen weiten Rundblick über Stadt und Meer hat. Das Essen wurde von einem Diener mit weißen Handschuhen serviert, und zur Tischrunde gehörte oft auch ein *Marchese* aus der Nachbarschaft. Hier lernte ich an einem Freitagmittag den traditionellen *Baccalà alla napoletana* kennen, dessen pikante salzig-süße Sauce alle Ingredienzien der ländlichen Küche Kampaniens enthält.

Baccalà alla napoletana
Klippfisch auf neapolitanische Art

800 g gewässerter Klippfisch
1 Pfund Tomaten
150 g schwarze Oliven
50 g Pinienkerne
1 Eßlöffel Kapern
Weizenmehl
2 Knoblauchzehen
Olivenöl
Salz, Pfeffer

Man gibt Olivenöl und die geschälten Knoblauchzehen in einen Kochtopf aufs Feuer, nimmt die Zehen heraus, sobald sie gelb sind und fügt die geschälten Tomaten, die entsteinten und gehackten Oliven, die gewiegten Kapern, die Pinienkerne und die eingeweichten und abgetropften Sultaninen bei und würzt mit Salz und Pfeffer. Dann gießt man 0,1–0,2 l Wasser hinzu, rührt um und läßt auf kleinster Flamme ungefähr zwanzig Minuten köcheln. Man spült den Klippfisch in kaltem Wasser, zieht die Haut ab, entgrätet ihn sorgfältig und schneidet ihn in ziemlich große rechteckige Stücke. Man trocknet sie gut, wendet sie im Mehl und brät sie im heißen Öl auf beiden Seiten. Man hebt sie mit der Lochkelle heraus, läßt sie auf Küchenpapier abtropfen und legt sie in eine flache feuerfeste Form. Man gießt die Sauce darüber, so daß der Fisch gut bedeckt ist und schiebt die Form für eine halbe Stunde in den auf 180° vorgeheizten Ofen.

Das Fischgericht schmeckte ausgezeichnet; mir wollte nur nicht ganz in den Kopf, warum in einer Hafenstadt wie Neapel am Freitag ausgerechnet getrockneter und nicht frischer Fisch gegessen wird. Der Marchese sagt, das sei eine katholische Tradition: eingesalzene Fische, handle es sich nun um Klippfisch, Stockfisch, Salzhering oder Sardelle, würden in ganz Italien von Venedig bis nach Palermo an Fastentagen gegessen und dies seit Jahrhunderten; das gelte ja auch für Spanien, Portugal und Frankreich. Und Piero gab zu bedenken, dafür gebe es auch praktische Gründe: der eingesalzene Fisch sei in Epochen ohne Kühltechnik die einzige Konserve gewesen, die für Transport und Handel geeignet.
Ich habe später, als ich den Baccalà auch in Rom und Venedig, im Tessin und in Südfrankreich in verschiedenen Zubereitungen kennenlernte, manchmal an dieses Gespräch zurückgedacht, in dem von der kulinarischen Qualität des Klippfischs überhaupt nicht die Rede gewesen war. Dabei ist der kräftige würzige Geschmack des gesalzenen Fischs, der beim Eintrocknen einen Fermentierungsprozeß durchmacht, heute bestimmt der wichtigste Grund dafür, daß Klipp- und Stockfisch überhaupt noch gekauft und zubereitet werden. Tiefgekühlter Kabeljau wäre ja praktischer und billiger. So wie man aber auf Trockenfleisch und Schinken nicht verzichtet, weil man beim Metzger jederzeit frisches Fleisch kaufen kann, wird auch die Nachfrage nach dem Aroma des Klippfischs, des Salzherings und der getrockneten Bohnen erhalten bleiben.

Kalabrien
oder Cosentinos Küche

Ich war noch nie in Kalabrien; aber die kalabresische Küche kenne ich dank Domenico Cosentino, der aus Catanzaro stammt und schon als Mittelschüler im Ristorante »Carmelina« lernte, wie man Muscheln putzt und Fische schuppt und ausnimmt. Seither hat er seine gastronomischen Kenntnisse in Theorie und Praxis erweitert und sich – obwohl er im Hauptberuf in einem internationalen Patentbüro arbeitet – als Fernsehkoch, Kochbuchverfasser und Journalist einen Namen gemacht. Er ist nicht nur ein Kenner der authentischen italienischen Küche der Regionen, sondern weiß auch Bescheid über die neuen Kochtendenzen und versteht es, traditionelle Gerichte der zeitgemäßen Vorliebe für leichte und delikate Speisen anzupassen. Selbstverständlich legt er auch Wert auf eine Küche, die den Jahreszeiten Rechnung trägt, und hat mich deshalb im Januar zu einem Essen eingeladen, das der kalabresischen Winterküche gewidmet war.

Olivenernte in Kalabrien

Zuerst staunten wir über die vielen Antipasti, die in braunen glasierten Tonschüsseln schon auf uns warteten: lauwarme, fritierte Hackfleischkügelchen, ein würziges Auberginenpüree, drei verschiedene Sorten Oliven, leuchtend grüne Broccoli, angemacht mit Olivenöl und Zitronensaft, rote und gelbe Peperonistreifen, gewürzt mit Knoblauch, Olivenöl und Basilikum, Sardellen aus dem Salz mit rotem Pfeffer und eine kleine Gratinform mit sternförmig angeordneten frischen Sardellen, die der Koch gleich nach unserer Ankunft aus dem Backofen nahm. Ob wir auch Lust auf ein *Frittata calabrese* hätten? Wir bejahten und konnten zuschauen, wie Cosentino den Eierkuchen zubereitete, der warm, lauwarm und kalt gleich gut schmeckt.

Frittata calabrese
Kalabresisches Omelette

3 Eier
frisch geriebener Pecorino
Ricotta
ungeräucherte pikante Schweinewurst
Minzeblätter
Olivenöl
Salz und Pfeffer

Man verrührt die Eier, Salz und Pfeffer mit einer Gabel, fügt den Pecorino bei und gibt die in kleine Stücke geschnittene Ricotta, die zerkrümelte Schweinswurst und die zerzupften Minzeblätter hinzu. In einer Bratpfanne läßt man das Öl heiß werden, schüttet die Eimasse hinein und bäckt sie, indem man die Pfanne schüttelt. Dann läßt man sie auf einen Pfannendeckel oder einen flachen Teller gleiten und wendet sie, damit sie auch auf der zweiten Seite gebacken wird. Das Omelette soll innen fest, aber noch feucht und außen schön braun sein. Man schneidet es wie eine Torte in Stücke.

Die einfache ländliche Küche Kalabriens beruht ganz auf der Qualität ihrer Zutaten. Ohne frische Ricotta kann man laut Cosentino die Frittata calabrese nicht zubereiten; die industrielle Ricotta, die man heute in und außerhalb Italiens kaufen kann, taugt nichts. Zum Glück hat er ein italienisches

Ölbäume

Lebensmittelgeschäft entdeckt, das frische Ricotta aus hiesiger Milch herstellen läßt. Sie schmeckt vorzüglich, obwohl sie nicht das kräftige Aroma der kalabresischen Ricotta hat, die aus der Molke von Ziegenmilch gewonnen wird. Cosentino erzählt, daß die Ziegenhirten auf dem Land noch heute eine Suppe aus warmer Molke essen, der sie ein Stück frischer Ricotta beifügen. Zusammen mit hausgebackenem Brot ist das ihre Hauptmahlzeit.

Auch die frische pikante Schweinewurst findet man außerhalb Kalabriens nicht ohne weiteres. Bei Cosentino stammt sie wie das Hartweizenmehl, die eingemachten Tomaten, die Oliven, das Öl, die Sardellen aus dem Salz, Peperoncino und Oregano aus Catanzaro Lido, wo er ein Haus hat und mit seiner Familie die Ferien verbringt. Er gibt aber zu, daß man in italienischen und spanischen Lebensmittelgeschäften Würste finden kann, die den kalabresischen ähnlich sind.

Ein Problem sind bei Cosentinos Rezepten die Mengenangaben. Er findet es sinnlos, die Basilikumblätter zu zählen, den geriebenen Käse oder die Petersilie zu wägen, die genaue Zahl von Zwiebeln, Karotten oder Eiern, die ja verschieden groß sein können, zu fixieren. Seine Kochanleitungen wenden sich nicht an Anfänger, die alles schwarz auf weiß haben wollen, sondern an Leute mit einiger Kocherfahrung. Das bietet keine Schwierigkeiten bei einfachen Rezepten wie dem Auberginen-Püree, das man als Vorspeise aufs Brot streicht oder als Beilage zu gekochtem Fisch serviert.

Polpa di melanzane
Auberginenpüree

2 Auberginen
Salz
Olivenöl
Knoblauch
Basilikumblätter

Man schneidet die Auberginen in Würfel, gibt sie in eine Gratinplatte, würzt sie mit Öl und Salz und schiebt sie in den mittelheißen Ofen. Man brät sie in ungefähr zwanzig Minuten weich, indem man sie von Zeit zu Zeit wendet. Dann zerdrückt man sie mit einer Gabel zu einem Püree, was ziemlich viel Kraft und Ausdauer braucht. Man darf die Auberginen auf keinen Fall schälen, da ihre Schale dem Püree das kräftige und leicht bittere Aroma gibt. Zum Schluß vermischt man die Auberginen mit Knoblauchscheibchen, streifig geschnittenen Basilikumblättchen und Olivenöl.

Dieses Püreee, das man als eine Art Auberginen-Essenz bezeichnen könnte, schmeckt einzigartig.
Das regionale Durcheinander in der italienischen Fischterminologie ist fast so unübersichtlich wie bei den Teigwaren, wo – um nur ein Beispiel zu nennen – die viereckigen gefüllten Teigtaschen je nach der Gegend Ravioli, Anolini oder Agnolotti heißen. Auch bei den beiden kleinen Meeresfischen, die auf deutsch Sardinen oder Sardellen heißen, herrscht regionale Konfusion: ihre italienischen Bezeichnungen lauten Sarde, Sardine, Acciughe und Alici. Wie dem auch sei: Cos-

entino versicherte, daß für den im Ofen gegarten und mit Oregano gewürzten Gratin nur der feine kleine Fisch mit dem schwarzblauen Rücken in Frage komme, der in Kalabrien *alice* heißt.

Alici ariganati
Sardellen mit Oregano

400 g Sardellen
Olivenöl
3 Löffel Weinessig
Salz
Oregano

Man reinigt die Sardellen unter fließendem Wasser, entfernt den Kopf, schneidet sie an der Bauchseite auf, säubert sie von innen und läßt sie gut abtropfen. Man legt sie sternförmig in eine mit Öl ausgestrichene Gratinform, beträufelt mit Essig und Öl, und würzt mit Salz und Oregano. Man schiebt sie für zehn Minuten in den auf 200° vorgeheizten Backofen. Am besten schmecken sie lauwarm.

Die größte Entdeckung dieser kalabresischen Mahlzeit war für mich aber der reine und reiche Geschmack der einfachen Hülsenfrüchte, die Cosentino als Suppe zubereitete. Zuerst kam der *Macco di fave*, ein archaisches Gericht aus getrockneten Fave, der Urform der Bohnen, die auf deutsch Ackerbohnen, Saubohnen oder dicke Bohnen heißen. Sie spielten schon in vorgeschichtlicher Zeit eine wichtige Rolle in der Ernährung und wurden später in Mittel- und Nordeuropa zum größten Teil durch die Gartenbohnen abgelöst und weitgehend nur als Viehfutter verwendet, während sie in den Mittelmeerländern noch heute beliebt sind. Ich hatte sie bisher nur frisch gegessen: in Rom bekommt man in den Monaten April und Mai die saftig-grünen Schoten oft als Vorspeise; man enthülst sie und genießt die frischen zarten, halbreifen Kerne roh wie Nüsse, zusammen mit frischem Pecorino und einer Scheibe Salami.

Kalabrien, Fest zu Ehren der Madonna del Pollino:
Es wird im Freien gekocht

Macco di fave
Suppe aus dicken Bohnen

200 g getrocknete Fave (dicke Bohnen)
1 große Zwiebel
2 geschälte Tomaten aus der Dose
Olivenöl, Salz

Man weicht die Bohnen über Nacht in kaltem Wasser ein. Am Morgen darauf zieht man ihnen die Haut ab, spült sie und gibt sie mit einem Liter kaltem Wasser und der gewiegten Zwiebel in einen Kochtopf. Man läßt sie anderthalb Stunden kochen, gibt dann die Tomaten und 4 Eßlöffel Öl bei und läßt noch eine Stunde weiterkochen. Dann salzt man die Suppe und serviert sie mit geriebenem Pecorino, zerstoßenem Peperoncino und nach Belieben etwas frischem Olivenöl.

Beim Essen dieser wohlschmeckenden Suppe, der die Tomaten eine schöne rötliche Farbe geben, ist mir bewußt geworden, daß man nördlich der Alpen die Bohnen-, Linsen- und Erbsengerichte meistens zu stark würzt – vor allem durch das Mitkochen von geräuchertem Speck –, so daß man ihren Eigengeschmack nur unklar wahrnimmt. Cosentino hat uns auch darauf aufmerksam gemacht, daß die ländliche Küche seiner Heimatprovinz auf der richtigen Kombination von ein paar wenigen Grundelementen beruht; die Zutaten der verschiedensten Gerichte sind fast immer die gleichen, nämlich: Olivenöl, Tomaten, Zwiebeln, Knoblauch, Minze, Basilikum, Peperoncino und Pecorino. In dieser Küche haben Fleischbrühwürfel und Konserven keine Funktion, weil sie ganz auf dem kräftigen Geschmack von Naturprodukten beruht, die das ganze Jahr hindurch zur Verfügung stehen.
Als zweites Beispiel der kalabresischen Winterküche gab es eine Suppe aus weißen Bohnen und leicht bitterer dunkelgrüner Catalogna, welche nördlich der Alpen die einheimische wilde Zichorie ersetzen kann.

Minestra di fagioli con catalogna
Bohnensuppe mit Catalogna

200 g weiße Bohnen
1 Stück Stangensellerie
500 g Catalogna
Olivenöl
2 Knoblauchzehen

Man weicht die Bohnen über Nacht in kaltem Wasser ein, spült sie und gibt sie am nächsten Tag zusammen mit dem Sellerie und einem Liter Wasser in den Kochtopf und läßt sie eine Stunde kochen. Die Catalogna wird geputzt und gewaschen und in Salzwasser weich gekocht. Dann läßt man in einem Steinguttopf Olivenöl heiß werden, dünstet darin den geschälten Knoblauch und fügt das Gemüse bei. Darauf gibt man die Bohnen und etwas Wasser hinzu und läßt zehn bis fünfzehn Minuten einkochen, bis die Suppe die richtige leicht cremige Konsistenz hat. Dann salzt man die Suppe und serviert sie mit geriebenem Pecorino.

In Kalabrien sagt man von einem, dem es gut geht: »Er ißt Schweinefleisch und hausgemachte Teigwaren.« Das Schwein war durch Jahrhunderte der größte Reichtum der kalabresischen Bauern; sein Fett wird auch in Gegenden, wo Oliven wachsen, häufig zum Kochen verwendet, und aus seinem Blut wird noch heute der traditionelle *Sanguinaccio* hergestellt, eine süße Blutwurst, zu deren Ingredienzien Milch, Zucker, Kakao, Mandeln und Zimt gehören. Wir haben sie bei Cosentino probiert, obwohl sie ein bißchen ranzig schmeckte.

Für die hausgemachten Teigwaren verwendet man in Süditalien keine Eier, nur Wasser und Mehl. Allerdings nicht das Weizenmehl, das man bei uns kaufen kann, sondern Mehl aus Hartweizen, der in Apulien und Sizilien angebaut wird; es ist besonders reich an Eiweiß; d. h. es enthält mehr sogenannten Kleber, was den Teigwaren ihre Festigkeit gibt. Cosentino hat uns gezeigt, wie die Hausfrauen von Catanzaro ihre *maccaruni di casa* formen: sie legen ein kleines Teigstück um ein Binsenstäbchen und rollen es von Hand gleichmäßig dünn; dann kommt das Schwierigste: man zieht das Stäbchen heraus, so daß das Loch bleibt, in dem die würzige Teigwarensauce haften wird.

Zum Nachtisch kam ein großer Korb mit frischen und getrockneten Früchten auf den Tisch, darunter Granatäpfel, Orangen, Mandarinen, Nüsse und geröstete Kastanien, die kalt überraschend gut schmecken. Dazu roher Fenchel in einer Schüssel mit kaltem Wasser und in einer anderen Schüssel gesalzene Lupinenkerne. Nach diesem leichten und magenberuhigenden Zwischenspiel, das mit seinen rohen und salzigen Bestandteilen den Bogen zurück zum Antipasto schlug, folgten als letzter Akt Kaffee und Cannoli, knusprige Teigrollen, gefüllt mit gesüßter Ricotta und kandierten Früchten, die Cosentinos Küche nochmals alle Ehre machten.

Sizilien
oder das Land, wo die Orangen blühen

Wer einen Orangenhain in seiner ganzen Schönheit erleben will, der muß im November nach Sizilien fahren und die Orangengärten am Abhang des Ätnas in der Umgebung von Catania besuchen. Im November beginnen die rötlichgelben Früchte im dunklen Laub zu reifen; der Himmel ist durchsichtig klar und blau und die Luft so mild wie bei uns im September. Es ist kein Zufall, daß die Sizilianer ihre Kulturen liebevoll *Giardini d'arancio* – Orangengärten – nennen; es sind keine großräumigen Plantagen; der Raum vom Meer bis zu den Abhängen des Ätnas ist schmal und muß mit äußerster Sorgfalt gehegt, gepflegt und bewässert werden. Von einem Fachmann habe ich erfahren, daß die Sonne den sizilianischen Orangen die Süße gibt; die leuchtend rote Farbe der Schalen und des Fruchtfleisches verdanken sie jedoch den kalten Nächten. In tropischen Ländern gibt es nur grüne Orangen. Zu viel Kälte ist allerdings auch für die Blutorangen gefährlich. Wenn die Temperatur unter zwei Grad fällt, heulen in den Plantagen wie Sirenen die *Ventole* auf: diese Windmacher sind von Maschinen angetriebene Propeller, die die Luft auf einer Höhe von etwa fünfzehn Metern herumwirbeln, so daß der Frost nicht bis zu den Orangenbäumen herunterfallen kann. Die saftigen Blutorangen, die man hier erntet, haben denn auch ein Aroma wie keine anderen Orangen auf der Welt.

Die Landschaft dieser Gärten, mit den vielen schwarzen Mäuerchen aus Lavasteinen und dem schneebedeckten Gipfel des Ätna im Hinterland habe ich vor Jahren dank eines freundlichen Zufalls oder genauer einer Kette freundlicher Zufälle kennengelernt. Ich arbeitete damals bei einer Zeitung und war von meiner Arbeit so fasziniert, daß ich meine Ferien verschoben hatte, bis es plötzlich November war. Da überlegte ich mir, daß ich in dieser grauen Jahreszeit wohl am ehesten in Sizilien noch etwas Sonne und Wärme finden würde, und kaufte mir ein Flugticket nach Catania. Dort wollte ich weitersehen und mich je nach dem Klima für Bade-

Markt in Palermo

oder Reiseferien entscheiden. Als ich das Flughafengebäude verließ, um nach einem Taxi Ausschau zu halten, fiel mein Blick auf einen leeren Autobus mit dem Schild Taormina. Ohne lange zu überlegen, stieg ich ein und fuhr als einziger Fahrgast bei einbrechender Dunkelheit die Küstenstraße am Meer entlang. In Taormina erkundigte ich mich in einem Hotel an der Hauptstraße nach einem Zimmer und hatte noch keine Ahnung, daß ich mein Ferienziel bereits erreicht hatte. Am nächsten Morgen erfuhr ich, daß ich der einzige Hotelgast war, und wurde von der Frau des Hoteliers eingeladen, meine Mahlzeiten am Familientisch in der großen Küche einzunehmen. Damit entschied sie über meine bisher noch ungewissen Ferienpläne. Ich lernte bei meinen Gastgebern nicht nur eine sizilianische Familie kennen, zu der zwei dreizehnjährige (Zwillings-)Brüder, eine achtzehnjährige Tochter, eine ledige Schwester und eine Großmutter gehörten. Ich wurde auch zu den Verwandten und Bekannten in der näheren und weiteren Umgebung Taorminas eingeladen und lernte so die ganze Ostküste kennen, vor allem aber die Agrumengärten am Ätna, die zum Familienbesitz gehörten.

Als die ersten Orangen reif waren, gab es zu meiner großen Überraschung einen Orangensalat als Beilage zu den Hackfleischkügelchen, die in der sizilianischen Küche sehr beliebt sind, weil das Fleisch der Schlachttiere im allgemeinen recht zäh ist. Der Orangensalat war mit Essig und Öl angemacht und mit schwarzen Oliven garniert. Er schmeckt wunderbar exotisch, und ich habe ihn später als Vorspeise in meine Küche integriert.

Insalata di arance piccante
Pikanter Orangensalat

4 mittelgroße, nicht zu süße Orangen
10 schwarze Oliven
100 g Ricotta oder Mozzarellakäse
1 Teelöffel Olivenöl
Pfeffer und Salz

Man schält die Orangen sorgfaltig, halbiert sie und schneidet sie dann in feine Scheiben. Die Oliven werden entsteint und halbiert. Die Ricotta oder den Mozzarella zerteilt man in kleine Stücke. Dann vermischt man diese Zutaten mit der Salatsauce und läßt sie vor dem Servieren eine halbe Stunde ziehen.

Ebenso gut, vielleicht noch aparter schmeckt der Zitronensalat. Damit meine ich Salat aus Zitronenscheiben, die mit einer normalen Salatsauce angemacht werden. Das hört sich ausgefallen an; aber man muß es ausprobieren, bevor man es ablehnt. Auch diesen Salat habe ich im »Hotel Victoria« in Taormina kennengelernt, und ich finde ihn auch mit den etwas zu wenig ausgereiften Zitronen, wie sie bei uns auf den Markt kommen, herrlich. Der Zitronensaft verträgt keine Beimischung anderer Zutaten, höchstens ein wenig Senf in der Salatsauce.

Wie wichtig die Orangen für die Sizilianer sind, zeigt sich auch darin, daß sie dem volkstümlichsten Gericht der Insel ihre Form und ihren Namen geben: ich meine die *Arancine di riso*. Das sind gefüllte Reisbällchen von der Größe kleiner Orangen, die im heißen Öl goldgelb gebacken werden, eine Spezialität, die man im kleinsten Dorf, in jeder Bar oder

Trattoria findet. Sie sind für mich die Quintessenz der sizilianischen Küche, ein schlichtes, ländliches und zugleich phantasievolles und raffiniertes Gericht, wie es nur auf dieser armen Insel mit ihrer glanzvollen Geschichte und ihrer aus Griechen, Normannen, Arabern, Spaniern und Franzosen hervorgegangenen Mischbevölkerung erfunden werden konnte. Das macht der Vergleich mit den *Supplì*, der römischen Variante der Arancine, deutlich: Es sind Reisbällchen, die mit einem Stück Provolonekäse gefüllt und dann gebakken werden, so daß es Fäden zieht, wenn man hineinbeißt. Die Füllung der Arancine dagegen ist viel reicher und delikater; sie besteht aus einem feinen Fleischragout, dem je nach der Gegend Gemüse, Käse und gekochtes Ei beigemischt werden. Mit anderen Worten: Die knusprigen Bällchen enthalten eine Minimahlzeit. Man kann sie heiß, lauwarm oder kalt essen; sie lassen sich im Ofen jederzeit wieder warm und knusprig machen, und sie schmecken als Vorspeise, Hauptmahlzeit oder Zwischenverpflegung immer viel köstlicher als jedes Sandwich.

Ich habe durch meine Hotelierfamilie in Taormina auch über die Weine Siziliens allerhand erfahren. Don Nicola, der Schwager des Hoteliers, der ein kleines Weingut am Ätna besaß, erzählte mir, daß die Orangenkulturen den weniger einträglichen Weinbau immer mehr verdrängten, obwohl der Ätnawein zu den besten Gewächsen von ganz Sizilien gehöre. Das konnte ich bestätigen: unser Tischwein stammte aus dem Keller von Don Nicola, der sich bitter darüber beklagte, daß man in Europa die Qualität der sizilianischen Weine nicht zur Kenntnis nehme, die unvergleichlich viel höher sei als diejenige der übrigen Weine Italiens, Chianti und Barolo eingeschlossen. Aus Sizilien importiere man nur Marsala, der im Grunde ja nicht mehr als ein gepflegtes Industrieprodukt sei, zum Kochen besser geeignet als zum Trinken. Und um mir den Unterschied zwischen Industrie- und Naturprodukt zu demonstrieren, entkorkte er eine fünfzehn Jahre alte Flasche Marsala, der kaum süß war, eine Farbe hatte wie blasses Gold und einen zarten und reichen Geschmack.

Die Sizilianer verwenden den Marsala gern zum Kochen; er gibt manchen Speisen eine angenehme und leicht exotische Geschmacksnote; am bekanntesten sind die *Scaloppine al*

Taormina

marsala, die auch im übrigen Italien sehr beliebt sind. Im fleischarmen Sizilien verwendet man dazu ausschließlich Schnitzel aus Schweinefleisch.

Scaloppine al marsala
Schweineschnitzel mit Marsala

8 kleine Schweineschnitzel (vom Filet)
Mehl
Salz, Pfeffer
80 g Butter
1 kleines Glas Marsala

Man wendet die Schnitzel im Mehl, das man mit Salz und Pfeffer vermischt hat, und brät sie in 50 g Butter auf beiden Seiten goldbraun. Dann gibt man den Marsala bei, läßt ihn einkochen, fügt etwas Wasser und die restliche Butter hinzu und serviert die Schnitzel mit der Sauce überzogen.

Das beste Rezept, das ich aus Taormina mitgebracht habe, sind aber die *Carote al marsala*, das sind Karotten, die nicht, wie es bei uns üblich ist, im Salzwasser gekocht, sondern mit Butter und einem Glas Marsala geschmort werden.

Carote al marsala
Karotten mit Marsala

800 g Karotten
50 g Butter
½ Glas Marsala
Salz, Pfeffer

Man putzt die Karotten und schneidet sie in Scheiben. Man läßt die Butter zergehen und dünstet darin die Karottenscheiben. Dann fügt man den Marsala, Salz und Pfeffer hinzu und läßt sie zugedeckt auf kleinstem Feuer in 15 bis 30 Minuten gar schmoren. Hin und wieder schüttelt man den Kochtopf, damit die Karotten nicht ansetzen. Eventuell fügt man auch noch ein wenig Wasser oder Bouillon bei.

Die Hauptnahrung der Sizilianer sind natürlich die Fische, welche die Insel aus drei verschiedenen Meeren bezieht: dem Ionischen, dem Tyrrhenischen und dem Mittelmeer. Am beliebtesten sind Thunfisch und Schwertfisch, am verbreitetsten – wie an allen italienischen Küsten – die Sardinen. Wie man diesen billigen Fisch mit Phantasie in eine dekorative und delikate Speise verwandelt, zeigen die *Sarde a beccafico*, die wir in einer Trattoria in Catania gegessen haben.
Beccafico heißt Grasmücke, und der Name des Gerichtes bedeutet also »Sardinen wie Vögel«. Was damit gemeint ist, begriff ich erst als ich die große Platte sah, in der die Fische, ohne Kopf, gefüllt und eingerollt und knusprig braun gebakken zwischen Lorbeerblättern lagen. Man hätte sie mit gefüllten Wachteln verwechseln können. Dieses Rezept ist in ganz Sizilien bekannt und jede Provinz hat ihre eigene Variante.

Sarde a beccafico
Gefüllte Sardinen

1 kg frische Sardinen
Salz, Pfeffer
50 g Rosinen
100 g Paniermehl
0,2 l Olivenöl
4 Eßlöffel Pinienkerne
1 Eßlöffel gehackte Petersilie
4 Sardellenfilets
50 g Pecorinokäse
Lorbeerblätter, Saft einer Zitrone

Man wäscht die Sardinen, entfernt den Kopf, schneidet sie an der Bauchseite auf und nimmt sie aus. Man entfernt die Hauptgräte sorgfältig, so daß die Sardinen zusammenhängend bleiben und sich aufklappen lassen. Nochmals waschen und mit Küchenpapier gut abtrocknen. Man bestreut sie mit Salz. Die Rosinen in etwas lauwarmem Wasser einweichen. 40 g Paniermehl röstet man in etwas Olivenöl an, gibt es in eine Schüssel und vermischt es mit den abgetropften, abgetrockneten Rosinen, den Pinienkernen, der Petersilie, den feingewiegten Sardellenfilets, winzigen Käsestückchen, Salz und Pfeffer. Mit einer Kelle verarbeitet man alles zu einer Paste. Auf jede Sardine setzt man einen Löffel Füllung und rollt sie dann so auf, daß das Schwänzchen nach oben steht, und befestigt sie mit einem Zahnstocher. Nun gibt man die Sardinen in eine Auflaufform und legt zwischen jedes Röllchen ein Lorbeerblatt, beträufelt mit Zitronensaft und Öl und bäckt sie im mittelheißen Ofen 30–40 Minuten. Sie schmecken auch lauwarm oder kalt als Vorspeise vorzüglich.

Wenn man in Sizilien vom übrigen Italien spricht, so redet man vom »Kontinent« mit dem stolzen Bewußtsein eines Inselvolkes, das eine eigene Geschichte, eine eigene Kultur und auch eine eigene Kochkunst hat. Auch eine eigene Konditorkunst, die vermutlich im Frühmittelalter von den Arabern geprägt wurde. Sizilien ist ein Eldorado für alle Liebhaber süßer Schleckereien: hier sind Torten und Kuchen, Konfekt und Eis viel süßer, farbiger und reicher an verschiedenen Aromen als anderswo. Dazu kommt, daß die wichtigsten Naturprodukte – Honig, Mandeln und Pistazien – auf der Insel wachsen. Aus ihnen wird auch der Rorrone hergestellt, der nach einem alten Klosterrezept zwölf Stunden lang auf

kleinstem Feuer gekocht wird. Eine andere Klosterspezialität aus Mandeln und Zucker sind die *Frutti della Martorana*, Marzipanfrüchte aus dem Martorana-Kloster in Palermo, die mit Pflanzenfarben angemalt sind und durch ihren Hyperrealismus verblüffen: es gibt fleckige Äpfel, angefaulte Birnen, verschimmelte Orangen und angefressene Feigen, alles klein, zierlich und ganz naturgetreu. Sie werden auch in den schönen Konditoreien von Catania und Messina verkauft.
Zu den einfachen Süßigkeiten, die auch von den sizilianischen Hausfrauen hergestellt werden, gehört die *Cassata*, die auf Sizilien kein Eis ist, sondern eine Biskuittorte mit Ricotta und einem farbigen Bouquet kandierter Früchte.

Cassata alla siciliana
Ricottatorte nach sizilianischer Art

1 runde ungefüllte Biskuittorte
750 g Ricotta
400 g Puderzucker
1 Messerspitze Zimt
500 g gemischte kandierte Früchte
1 Tafel bittere Schokolade
2 Gläschen Maraschino

Man verrührt die Ricotta mit dem Puderzucker und läßt sie eine Nacht im Kühlschrank stehen. Die schönsten kandierten Früchte, etwa die Hälfte, legt man zum Garnieren beiseite. Die restlichen Früchte hackt man grob. Die Schokolade zerbröckelt man in kleine Stücke. Man schneidet den Biskuitkuchen einmal durch und tränkt die beiden Böden mit dem Maraschino. Man vermischt die Ricotta mit dem Zimt und schlägt sie mit einer Kelle so lange, bis sie glatt und cremig ist. 4 Eßlöffel dieser Creme stellt man beiseite, den Rest vermischt man mit den gehackten Früchten und der Schokolade. Nun legt man eine Springform mit Pergamentpapier oder Folie glatt aus und gibt eine Kuchenhälfte auf den Boden, bestreicht sie mit der Hälfte der Creme, gibt den zweiten Kuchenboden darüber und füllt mit der restlichen Ricotta-Creme auf. Man gibt den Rand der Form um die Torte und stellt sie mindestens sechs Stunden in den Kühlschrank. Vor dem Essen gibt man die Torte mit der Oberseite nach unten auf eine Tortenplatte, überzieht sie mit der beiseite gestellten Creme und garniert sie mit den kandierten Früchten.
Man soll die Cassata möglichst frisch essen.

Sardiniens silbergrüne Artischockenfelder

Daß man in Italien außerhalb der Touristensaison am angenehmsten reist, ist nachgerade bekannt. Taormina im November, Venedig im Dezember und Neapel im März machen einen echten Zugang zu diesen Touristenzielen erst wieder möglich. Das herrlichste von allem ist aber Sardinien im Januar. Ich reiste mit Irene, weil wir beide keine Lust auf verschneite Landschaften hatten, sondern uns nach der milden Meeresluft des Südens sehnten. Wir hätten nicht besser wählen können!

Wir ahnten es schon, als wir den Flugplatz von Alghero anflogen und das leuchtendgrüne Land unter uns sahen, das sich in schön geschwungenen Buchten und Vorgebirgen im blaugrauen Meer verlor. Beim Aussteigen aus dem Flugzeug wehte uns ein frischer, salziger Meereswind entgegen, der uns, solange wir in Sardinien waren, nicht mehr verließ.

Der Fischmarkt in Alghero

Santissima Trinità di Saccargia

Auf der Busfahrt nach Alghero sahen wir silbrige Olivenhaine, dunkelgrüne Steineichen. Zypressenreihen als Windschutz für braune Felder, viel Weideland mit grauen Felsblöcken, die man leicht mit den weißlichen Tupfen der Schafherden verwechselt. In Alghero hatten wir kein Hotel reserviert; wir wollten unsere Ferien nicht programmieren, sondern Entdekkungen machen und dort bleiben, wo es uns gefiel. Das einzige, was wir von Alghero wußten, war der Name eines Restaurants: »I Tuguri«, was auf deutsch »elende Hütte« heißt. Wir fanden es in einem Altstadtgäßchen, und als wir den schmalen Raum betraten, war uns gleich klar, daß wir da an eine gute Adresse geraten waren: Im Kamin loderte ein Feuer, und die einfachen Holztische erinnerten an eine spanische Taverne. Wir fragten nach sardischen Spezialitäten und bekamen als ersten Gang einen Teller *Malloreddus*. Das sind zierlich geformte Teigwaren, die man auch *Gnocchetti* nennt. Sie sind sozusagen das sardische Nationalgericht; wir aßen sie noch oft, und Irene stellte fest, daß diese kompakten kleinen Bissen zum ernsten und unsentimentalen Charakter der Sarden ebensogut passen wie die langen, sich ringelnden Spaghetti zum expansiveren Wesen der Festlanditaliener.

Echte, hausgemachte Malloreddus, die mit Safran gelb gefärbt werden, haben wir allerdings während unserer ganzen Ferien auf Sardinien nie bekommen, obwohl sonst in der sardischen Küche das Hausgemachte vorherrscht; hier hat sich offensichtlich die einheimische Teigwarenindustrie durchgesetzt. Am liebsten essen die Sarden ihre Teigwaren in einer Tomatensauce, die mit sardischer Wurst bereichert wird. Das Rezept für diese Sauce hat mir eine Frau aus Alghero verraten, die ich später im Hotel kennenlernte. Da man bei uns keine sardischen Würste bekommt, kann man auch spanische *Chorizos* oder süditalienische Würste, die nicht zu stark gepfeffert sind, dazu verwenden.

Sugo di pomodoro con salsiccia
Tomatensauce mit Wurst

3 Eßlöffel Olivenöl
½ Zwiebel
Petersilie
200 g frische Schweinewurst
1 Dose geschälte Tomaten

Im heißen Öl dämpft man Zwiebel und Petersilie, beides fein geschnitten, gut durch und gibt dann die enthäuteten und in feine Stücke zerteilten Würste dazu, läßt sie unter Rühren leicht anbraten und löscht dann mit den geschälten Tomaten ab. Man läßt die Sauce auf kleinstem Feuer 15–20 Minuten köcheln und gibt sie zusammen mit frisch geriebenem Pecorino sardo zu den Teigwaren.

Die Tomatensauce mit Wurst gehört zu den einfachen kulinarischen Entdeckungen, die man meistens nur in Gebieten macht, wo die Küche noch so elementar und naturbezogen ist wie auf Sardinien. Dazu kommt, daß der *Pecorino sardo*, der harte sardische Schafskäse zum Reiben, ein ganz außerordentlich reiches und feines Aroma hat und jedem Gericht, bei dem er anstelle von Parmesan verwendet wird, einen neuen, irgendwie ländlichen Reiz verleiht. Ein Versuch lohnt sich; man findet den Pecorino in jedem italienischen Lebensmittelgeschäft. In Alghero haben wir uns rasch wohl gefühlt, was vermutlich damit zusammenhängt, daß dieses Fischerstädtchen keinen sardischen Charakter hat, sondern katalanisch geprägt ist. Es wurde im 14. Jahrhundert von Katalanen gegründet; die mächtigen Wachtürme und Mauern erinnern an diese Zeit, und die Einwohner sprechen noch heute katalanisch. Auch der älteste Stadtkern, der sich auf einem kleinen Vorgebirge zusammendrängt, bezeugt mit seinen gotisch ornamentierten Gassen und dem fröhlichen und heiteren Treiben in Cafés und Bars sehr deutlich den iberischen Ursprung. Wir haben auf der Meerseite der Strandpromenade das Hotel »La Tronas« gefunden, das fast wie eine Insel ins brandende Meer hinausragt, und wo man Tag und Nacht die Musik von Wind und Wellen in den Ohren hat. Es war genau, was wir uns wünschten.

Am nächsten Tag brachen wir zu Entdeckungen auf und fuhren mit einem gemieteten Auto von der Küste ins Landesinnere. Unser Ziel war die berühmteste romanische Kirche der Insel, die *Santissima Trinità di Saccargia*, die in großer Einsamkeit im Bergland südlich von Sassari steht. Als Bergland kommt einem diese rauhe und menschenleere Gegend vor, obwohl man sich hier nur 400 m über dem Meer befindet: denn ein großer Teil Sardiniens besteht aus einem stark zerklüfteten, aber ziemlich niedrigen Granitmassiv, wo nur magere Weiden und so anspruchslose Gewächse wie Agaven, Korkeichen und Feigenkakteen gedeihen. In der Einsamkeit dieser felsigen Landschaft wirkt die aus schwarzem Basalt und weißem Kalkstein erbaute Klosterkirche fast wie ein Wunder: Sie wurde im 12. Jahrhundert von pisanischen Architekten errichtet, im gleichen Baustil, der damals in der Toskana Mode war und dort oft fast zu ornamental wirkt. In der herben und strengen Landschaft Sardiniens geht von diesen Schwarzweißkonstruktionen eine strenge Größe und Reinheit aus. Das gilt auch für die zahlreichen anderen romanischen Kirchen, die sich auf der Nordhälfte der Insel in der Einsamkeit von Weiden und Feldern erheben.

Auf der Rückfahrt nach Sassari gingen wir zum Mittagessen ins einzige Restaurant des stattlichen Hügeldorfs Ploaghe. Es war ein kahles und wenig einladendes Lokal, das uns aber vertrauenswürdig erschien, weil die Gäste Einheimische waren. Hier erübrigte es sich, sardische Spezialitäten zu bestellen. Zuerst gab es einen Teller der wohlbekannten Mal-

Im sardischen Hinterland

loreddus mit Tomatensauce und Wurst, dann hatten wir die Wahl zwischen Lammragout mit Oliven oder Schweinekoteletts. Ich wählte das Ragout, das allerdings nicht aus Lammfleisch, sondern aus Innereien vom Herz bis zur Milz bestand und gut schmeckte. Irene entschied sich für das Kotelett und bestellte als Beilage Artischocken. Die silbergrünen Artischockenfelder, an denen wir auf dem Weg nach Alghero vorbeigefahren waren, hatten ihr Appetit darauf gemacht. Sie bekam ein Artischocken-Kartoffel-Gemüse, das nicht besonders lecker aussah, sich aber dann als eine der ländlichen Spezialitäten Sardiniens erwies, die nicht nur billig und nahrhaft sind, sondern auch vorzüglich schmecken. Wir haben sie in einfachen Gasthöfen auch später wieder gegessen, und ich habe ihr Rezept in einem Buch über die sardische Küche gefunden.

Carciofi e patate
Artischocken-Kartoffel-Gemüse

6 Artischocken
6 kleine Kartoffeln
Tomatenpüree
1 Zwiebel
1 Sträußchen Petersilie
Olivenöl
1 Zitrone
Salz, Pfeffer

Man putzt die Artischocken, schneidet harte oder welke Blätter ab, teilt sie je nach ihrer Größe in Hälften oder Viertel und legt sie in Wasser, das man mit Zitronensaft angesäuert hat. Zu diesem Rezept kann man nur kleine italienische Artischocken verwenden; die großen französischen eignen sich nicht dafür. In einem Kochtopf läßt man ein halbes Glas Olivenöl heiß werden und dünstet darin Zwiebel und Petersilie, die man fein gewiegt hat. Man fügt das Tomatenpüree, in etwas lauwarmem Wasser aufgelöst, hinzu. Man läßt auf kleinstem Feuer weiterkochen und gibt ¼ l Wasser und die geschälten und in Würfel geschnittenen Kartoffeln bei und würzt mit Salz und Pfeffer.
Wenn das Gemüse weich ist, sollte die Sauce etwas eingedickt sein; sonst läßt man sie auf größerem Feuer noch ein wenig einkochen.

Als wir dieses Gemüse, das eigentlich eine kleine Mahlzeit ist, zum ersten Mal aßen, wußten wir noch nicht, daß die sardische Küche so elementar, so archaisch ist, daß sie weder Gemüse noch Salate kennt. In dieser Küche besteht eine Festmahlzeit seit alters aus Teigwaren und Fleisch; im Alltag haben die sardischen Hirten jedoch kaum je etwas anderes als Brot, zusammen mit Tomaten oder wildem Fenchel, gegessen. Gekochtes Gemüse gibt es nicht; das zu kochen lohnt sich nicht, es sei denn als nahrhafte Mischung von Kartoffeln und Artischocken. Und als ich in Ploaghe einmal nichtsahnend Fenchelsalat bestellte, bekam ich einen Teller grob zerschnittenen Fenchel und brachte mit meiner Bitte um Öl, Essig und Salz, die Wirtin in Verlegenheit. Schließlich brachte sie mir doch aus der Küche ein Tellerchen mit Salz und eine Flasche Öl.

Die blaugrünen sardischen Artischocken, deren Blätter in einem gelben Dorn enden, sind denn auch die einzigen Artischocken, die roh ebenso gut schmecken wie gekocht. Man kann ihre Blättchen abzupfen und in einer leichten Mayonnaise oder in Olivenöl, das man mit Salz und Pfeffer vermischt, tunken. Man kann den fleischigen untersten Teil ihrer Blättchen und den Blütenboden auch fein schneiden und unter einen grünen Salat mischen, dem sie ein wunderbar kräftiges und frühlingshaftes Aroma verleihen. Fast so wichtig wie die Artischocken sind übrigens die langen kräftigen Stiele, mit denen sie angeboten werden, und Kenner lesen die Artischocken denn auch nicht nach ihrer Größe, sondern nach der Länge ihrer Stiele aus. Man schält sie etwas dicker als Spargel bis auf ihr zartes hellgrünes Mark, das man, ebenfalls roh, in Stücke schneidet und dem Salat beimischt. Diese Winterartischocken, die im Lauf des Monats März vom Markt verschwinden, schmecken aber nicht nur roh, sondern auch gekocht sehr gut.

Carciofi lessi
Gekochte Artischocken

4 Artischocken
Salz
Olivenöl
Petersilie

Man putzt die Stiele, wie erwähnt, und teilt sie in Stücke. Bei den Artischocken zupft man die äußersten harten Blätter weg, schneidet das obere Teil bis auf ungefähr ein Drittel ab und teilt sie dann je nach ihrer Größe in Hälften oder Viertel. Es ist wichtig, daß man beim Putzen großzügig ist und nur die wirklich zarten Teile des Gemüses nimmt. In siedendem Wasser kocht man sie in zehn bis fünfzehn Minuten weich, bestreut sie mit gehackter Petersilie und übergießt sie sparsam mit gutem Olivenöl.
Diese Artischocken passen gut zu gegrilltem Fleisch; sie sind aber auch eine wunderbare Gemüsevorspeise.

An einem kühlen und regnerischen Morgen fuhren wir mit dem Zug nach Sassari und tauchten im archäologischen Museum in die sardische Vorzeit ein. Vor allem bewunderten wir die Bronzefigürchen aus dem 7. und 8. Jahrhundert vor Christus, die sogenannten *Bronzetti*, die Bogenschützen und Ringer, Hirsche und Schafe in strenger und doch ausdrucksstarker geometrischer Stilisierung darstellen. Zum Mittagessen gingen wir in die »Trattoria Migala« an der Via Turritana, einer schmalen, lebendigen Straße, die mitten durch die Altstadt auf den Domplatz führt. Die Adresse hatten wir vom Concierge unseres Hotels: man kann sie jedem Sardinienreisenden, der auf dieser Insel nicht nur Strand und Hotelküche sucht, empfehlen. Der lange Raum mit der gewölbten Decke geht im Hintergrund in die Küche über. Diese Küche, die zugleich der Wohnraum der Familie ist, liegt eine Stufe höher als die Gaststube und wirkt dadurch wie eine Bühne. Der Fernsehapparat war eingeschaltet, und daneben saß ein junger Mann auf einem Stuhl, las die Zeitung und wärmte seine Füße am Kohlenbecken auf dem Fußboden. Am Herd war Frau Migala damit beschäftigt, die billigen Stücke des Lamms in Leckerbissen zu verwandeln. Lammbraten sucht man hier vergebens, dafür gibt es Lammfüßlein *(Piedini d'agnello)*, die mit Petersilie und Knoblauch im Ofen gebacken werden, Lammkutteln und Lammdärme, die man mit Kräutern würzt, um kleine Spieße wickelt und grillt *(sa corda a cordula)*. Und Gäste, die keine Lust auf Innereien haben, bekommen ein kräftiges Lammragout in einer Tomatensauce, dem wilder Bergfenchel ein intensives Aroma gibt. Frau Migala, von der ich das Rezept habe, findet, es schmecke auch mit gewöhnlichem Fenchel gut.

Spezzatino d'agnello con finocchio
Lammragout mit Fenchel

800 g Lammragout
1 Zwiebel
3–4 mittlere Fenchel
1 Dose geschälte Tomaten oder
1 Pfund frische Tomaten
Olivenöl, Salz

Man brät die Lammstücke im heißen Öl gut an, salzt sie und gibt, wenn sie schön goldbraun sind, die feingeschnittene Zwiebel bei, dünstet sie, bis sie gelblich wird, und löscht dann mit den Toma-

ten ab und läßt das Ragout während 1½ Stunden weich schmoren. Eine halbe Stunde vor dem Ende der Kochzeit gibt man die in Viertel geschnittenen Fenchel in Salzwasser, kocht sie knapp weich und vermischt sie vor dem Servieren mit dem Lammragout. Die Kombination von Lamm- und Fenchelgeschmack ist sehr fein und harmonisch.

Den lebhaftesten Eindruck von der sardischen Küche verdanke ich aber nicht der Praxis, sondern einem zweistündigen Gespräch im Eisenbahnabteil zwischen Sassari und Macomer. Irene und ich waren auf der Reise nach Nuoro, und die vier jungen Frauen, mit denen wir ins Gespräch kamen, waren Lehrerinnen aus Cagliari, welche die Festtage bei ihren Familien im Norden Sardiniens verbracht hatten und nun zum Schulbeginn im neuen Jahr in die Hauptstadt zurückkehrten. Von ihnen haben wir alles erfahren über die Küche dieser Insel, die eigentlich gar keine Küche ist, sondern vielmehr ein über zweitausend Jahre hinweg immer gleicher, sparsamer und sorgfältiger Umgang mit den Produkten der Natur. Sie haben uns den Duft der Myrtenzweige beschrieben, der dem Fleisch auf dem Holzfeuer das charakteristische Aroma gibt; sie haben uns den Unterschied zwischen Gemüsefenchel und frischem Bergfenchel erklärt und auch erzählt, daß die sardischen Hirten seit Urzeiten mit der Joghurtzubereitung vertraut sind. (Das *Gioddu* aus Schafsmilch, das wir ein paar Tage später in einem Laden in Sassari kauften, war

für unseren Geschmack allerdings etwas zu scharf.) Mitten in der anregenden Diskussion zog eine der Lehrerinnen ihren Koffer vom Gepäckgitter herunter und entnahm ihm eine Dose mit sardischem Weihnachtsgebäck, das sie rundum anbot. Die feinen Plätzchen, die mit Glasuren, Puderzucker und winzigen farbigen Zuckerkügelchen aufs schönste verziert waren, entzückten uns. Mir scheint, es gehört zum sardischen Charakter, daß alles von Hand Hergestellte auf dieser Insel ausgesprochen zierlich und wohlgeformt ist, von den kleinen Bronzefiguren im Museum über die Malloreddus-Teigwaren bis zu den aromatischen süßen *Papassinus*, deren Rezept ich notiert habe.

Papassinus
Sardisches Weihnachtskonfekt

500 g Weizenmehl
150 g Zucker
100 g Schweinefett oder Butter
5 g Backpulver
2 Eier
300 g Sultaninen
200 g Mandeln
100 g Walnußkerne
1 Teelöffel Anissamen
2–3 Gewürznelken
Zimt, Salz
Mehl und Butter
Puderzucker

In einer Schüssel vermischt man das Mehl mit dem Backpulver, dem Zucker, den ganzen Eiern und dem Schweinefett und knetet den Teig gut durch, bis er weich und elastisch ist. Nun vermischt man ihn mit den übrigen Zutaten: den geriebenen Mandeln und Walnüssen, den in lauwarmem Wasser eingeweichten Sultaninen, den Anissamen und den Gewürznelken, die man beide im Mörser zerstoßen hat, einer Prise Zimt und etwas Salz. Man bestreut den Tisch mit Mehl, rollt den Teig einen Zentimeter dick aus und schneidet ihn in kleine Rhomben. Man legt die Plätzchen auf ein bebuttertes Blech und bäckt sie im Ofen bei mäßiger Hitze (150°) in ungefähr 10 Minuten. Man löst sie sogleich vom Blech und überstäubt sie mit Puderzucker.

Register

ALICE VOLLENWEIDER,
geboren 1929 in Zürich, Studium der Romanistik. Dissertation über den *Einfluß der italienischen auf die französische Kochkunst im Spiegel der Sprache.* Literaturkritische Aufsätze zur zeitgenössischen Literatur Italiens. Übersetzungen von Natalia Ginzburg, Luigi Malerba, Eugenio Montale, Giacomo Leopardi und Giorgio Manganelli.

Von der Autorin herausgegeben:
Italienische Reise
Ein literarischer Reiseführer durch das heutige Italien
»Ein Reiseführer – unentbehrlicher als der Baedeker.« Göttinger Woche
Quartheft 137. 192 Seiten

Lese – Reisen

FRANCO SACCHETTI *Die wandernden Leuchtkäfer*
Renaissancenovellen aus der Toskana
»Diese Novellen sind das reichhaltigste, aufregendste Fresko des Alltagslebens in der mittelalterlichen Toskana.«
Luigi Malerba in seinem Vorwort
Aus dem Italienischen von Hanns Floerke, neu durchgesehen von Martina Kempter. Mit einem Nachwort von Alice Vollenweider
Wagenbachs Taschenbuch 197. 328 Seiten

FRIEDERIKE HAUSMANN *Kleine Geschichte Italiens seit 1943*
Nicht nur ein nützlicher Begleiter für den Italienreisenden, sondern auch eine Anleitung zum Verständnis einer ganz anderen, faszinierenden politischen Kultur.
Wagenbachs Taschenbuch 159. 176 Seiten

CARLO EMILIO GADDA *Die Wunder Italiens*
Gaddas Texte – ebensooft Polemiken wie Liebeserklärungen – führen in ein verborgenes Italien.
Aus dem Italienischen von Toni Kienlechner
Wagenbachs Taschenbuch 205. 144 Seiten

Italienische Reise
Literarischer Reiseführer durch das heutige Italien
Was Sie schon immer über Italien wissen wollten, aber in keinem Reisebüro erfahren konnten: Was *anders* ist in Italien als bei uns zuhause. Quartheft 137. 208 Seiten

ENRICO CASTELNUOVO
Das künstlerische Portrait in der Gesellschaft
Das Bildnis und seine Geschichte in Italien von 1300 bis heute.
Aus dem Italienischen von Martina Kempter
Kleine Kulturwissenschaftliche Bibliothek 11.
128 Seiten mit vielen Abbildungen

GIOVANNI ROMANO
Landschaft und Landleben in der italienischen Malerei
Ein kurzgefaßter, reich bebilderter Abriß über die Landschaft und das Landleben in der italienischen Kunst: Wie hat sich der Blick auf die Natur verändert?
Aus dem Italienischen von Thomas Frank
Kleine Kulturwissenschaftliche Bibliothek 19.
112 Seiten mit vielen Abbildungen